Inimigos da esperança

FUNDAÇÃO EDITORA DA UNESP

Presidente do Conselho Curador
Marcos Macari

Diretor-Presidente
José Castilho Marques Neto

Editor-Executivo
Jézio Hernani Bomfim Gutierre

Conselho Editorial Acadêmico
Antonio Celso Ferreira
Cláudio Antonio Rabello Coelho
Elizabeth Berwerth Stucchi
Kester Carrara
Maria do Rosário Longo Mortatti
Maria Encarnação Beltrão Sposito
Maria Heloísa Martins Dias
Mario Fernando Bolognesi
Paulo José Brando Santilli
Roberto André Kraenkel

Editores Assistentes
Anderson Nobara
Denise Katchuian Dognini
Dida Bessana

Lindsay Waters

Inimigos da esperança
Publicar, perecer e o eclipse da erudição

Tradução
Luiz Henrique de Araújo Dutra

(Título do original: Enemies of promise)

© 2006 da tradução brasileira:

Fundação Editora da UNESP (FEU)
Praça da Sé, 108
01001-900 – São Paulo – SP
Tel.: (0xx11) 3242-7171
Fax: (0xx11) 3242-7172
www.editoraunesp.com.br
feu@editora.unesp.br

CIP – Brasil. Catalogação na fonte
Sindicato Nacional dos Editores de Livros, RJ

W312i
Waters, Lindsay
  Inimigos da esperança: publicar, perecer e o eclipse da erudição/Lindsay Waters; tradução Luiz Henrique de Araújo Dutra. – São Paulo: Editora da UNESP, 2006.
Tradução de: Enemies of promise: publishing, perishing, and the eclipse of scholarship
ISBN 85-7139-687-6

  1. Escritos acadêmicos – Estados Unidos. 2. Comunicação na erudição – Estados Unidos. 3. Editoras universitárias – Publicações – Estados Unidos. 4. Humanidades.
5. Ciências sociais – Pesquisa - Estados Unidos. I. Título.

06-2762.   CDD 070.52
                                                     CDU 654.413

Editora afiliada:

Tolle, lege.
Sto. Agostinho

Não me importo com seu pensamento lento.
O que me importa é você publicar mais
rápido do que pode pensar.
Wolfgang Pauli

O que arruína os escritores jovens é a
superprodução; a necessidade de dinheiro
é o que causa a superprodução.
Cyril Connolly

Parte I:
Os bárbaros a nossas portas

Ao longo dos últimos quatro anos, avisei aos estudiosos e editores de humanidades que se preparassem para um futuro no qual os editores, como eu, deixariam de publicar livros demais e passariam a publicar livros de menos. É justamente isso! Vimos diminuir, acentuadamente em alguns casos, o número de publicações na área de humanidades em instituições como a University of California Press, a Duke University Press e a Stanford University Press, entre outras.[1] No momento, o número de livros que os editores acadêmicos produzem ainda é, historicamente, alto. Tudo isso está para mudar de forma drástica. Trata-se de um momento paradoxal, muito difícil de encarar, assim como os Últimos Dias preditos pela Bíblia. Antes de chegarmos ao fundo, precisamos descobrir como parar e planejar uma estratégia para enfrentar esse panorama.

---

[1] Uma vez que os nomes de tais editoras universitárias são conhecidos internacionalmente, optamos por não traduzi-los neste caso e em outros. (N.T.)

O que valem os livros? Para que servem as publicações? A razão pela qual estou aqui, implorando diante de vocês, é a minha paixão incontida pelos livros, que eu amo quase tanto quanto amo as pessoas. Se isso for fetichismo ou idolatria, sou culpado. Em termos coletivos, podemos estar – como Marshall McLuhan sugeriu, anos atrás – prestes a deixar o tempo em que os livros eram fundamentais para o desenvolvimento humano. Perante nós mesmos, vemo-nos obrigados, então, a descobrir aquilo que mais valorizamos nos livros, de modo a tentar reverter isso.

Este ensaio é a minha tentativa de exortar os acadêmicos a tomar medidas para preservar e proteger a independência de suas atividades, como escrever livros e artigos da forma como antigamente os concebiam, antes que o mercado se torne nossa prisão e o valor do livro seja depreciado. Como disse recentemente um membro de nosso Conselho Universitário, nenhuma universidade vai "sustentar unidades de negócios deficitárias ... simplesmente porque diversas disciplinas universitárias são incapazes de aprender novos truques e examinar aquilo de que realmente tratam". O céu está desabando, desde que entrei no ramo de publicações, no final da década de 1970. Urgente, agora, é fazer que a terra não afunde sob nossos pés.

Falo do ponto de vista privilegiado de um editor sem fins lucrativos dentro da academia, que procura apenas cobrir os custos e, ao mesmo tempo, preservar a dignidade do pensamento e dos livros. Também falo como alguém que tem erudição. Quando apresentei este ensaio em uma conferência, alguns objetaram: "Como você pode criticar o sistema, uma vez que vocês – da Harvard University Press – são o sistema?

Você está falando de má-fé". Eu digo que o dever de falar francamente é, primeiro, um dever que recai sobre os ombros daqueles que estão dentro do negócio. Nós, editores, não estamos fora de perigo simplesmente em virtude de nossa posição.

Hoje em dia, os editores acadêmicos enfrentam perigos oriundos de todos os lados: do público, dos contribuintes, dos professores, dos estudantes, dos biblio-tecários, de seus próprios colegas. Entre os administradores universitários e os próprios editores acadêmicos, que parecem se sentir forçados a concordar com expectativas que não são razoáveis, surgiu a idéia de que as editoras universitárias deveriam se transformar em "centros lucrativos" e contribuir para o orçamento geral da universidade. De onde veio essa idéia? Ela é péssima. Desde Gutenberg, temos registros financeiros contínuos sobre as publicações no Ocidente, e está provado que os livros são um negócio ruim. As novidades mecânicas e eletrônicas foram, e sempre serão, uma aposta melhor. E a idéia de tentar extrair dinheiro das editoras universitárias – as mais pobres de todas as editoras – é o mesmo que esperar que os ratos da igreja contribuam para a conservação do local.

Penso que nós, estudiosos e editores, permitimos que os vendilhões entrassem no templo. Precisamos controlar suas atividades, já que não os chutamos para fora, como Jesus fez. É claro que uma parcela significativa dos negócios das universidades consiste em operações para ganhar dinheiro. Não fiquem chocados. Muitas das nossas igrejas também o são! Além disso, as universidades têm dinheiro, que deve ser bem empregado para não desperdiçarmos seus talentos. Mas possuímos outros talentos – espirituais, não financeiros – que também precisam ser cultivados. A segunda preocupação, depois da transformação da universidade em um negócio, é minha convicção de que, ao deixarmos o controle do templo passar para os vendilhões, permitimos que aqueles que desejam esvaziar e, assim, profanar nossos bons livros e publicações se tornassem muito influentes em alguns campos, mais notadamente no das humanidades. Acredito que a comercialização da educação superior acabou consentindo que essa inovação desembocasse no departamento de humanidades de cada universidade. Como defende Jeremy Gunawardena, a questão central é a publicação: ela está no cerne do processo acadêmico.

As humanidades estudam livros e artefatos para encontrar os traços comuns de nossa condição humana. Afirmo que há um elo causal entre a demanda corporativa pelo aumento da produtividade e o esvaziamento, em todas as publicações, de qualquer significação que não seja gerar números. Agora, as humanidades estão em crise porque diversos pressupostos sobre o que conta – quer dizer, não sendo diretos demais, sobre o que *soma* – é algo absolutamente inimigo das humanidades. Quando os livros deixam de ser meios complexos e se tornam, em vez disso, objetos sobre os quais quantificamos, então se segue que todos os outros assuntos que as humanidades estudam perdem seu valor. E, se os estudiosos de humanidades não tiverem uma clara noção do que lhes diz respeito, ninguém mais vai ter.

Nas últimas três décadas, a tendência a mecanizar a universidade mostrou ser letal para as humanidades. A batalha contra o livro no Ocidente é como o assalto às estátuas de Buda, em Bamayan,[2] na Ásia central, um gesto violento e supostamente tomado em nome de valores mais altos. Devemos voltar ao início e perguntar, antes de qualquer coisa, por que alguém iria querer falar, escrever ou publicar. Precisamos nos reorientar em função do que mais importa. Precisamos ousar propor as questões fundamentais, porque aquilo que amamos corre um real perigo de morte.

"Falsificar os livros": a Segunda Guerra Mundial e a transformação da universidade

Com "Falsificar os Livros", me refiro aos problemas de contabilidade que agora flagelam as instituições norte-americanas: desde os desastres contábeis na Arthur Andersen até a inflação das notas nas faculdades e universidades. Isso também inclui os padrões de julgamento nas publicações acadêmicas. Estou falando de um contexto que todos nós conhecemos em parte, mas sobre o qual não ousamos generalizar, pois sabemos que não podemos ver o quadro todo. Todavia, chegou o momento de começarmos a ligar os pontos. Nossa falta de disposição para fazer papel de bobos é o primeiro elo da cadeia que nos prende. Precisamos arriscar alguns palpites mais fundamentados, mesmo que as evidências sejam incompletas. Meu palpite, então, é que os falsos lucros da Enron são como as falsas realizações da academia,

---

[2] Ou Bamiyan. Trata-se do trágico episódio no qual os rebeldes do Talibã destruíram, no Afeganistão, em 1998, as estátuas milenares e gigantescas de Buda. (N.T.)

representadas por montanhas de publicações que ninguém aprecia, nem lê. Como Willis Regier observa:

> Nos últimos vinte anos, dobrou o número de novos livros publicados pela editora das universidades da Califórnia, Colúmbia, MIT e Princeton; nas universidades de Indiana e Yale, o número triplicou; e, em Stanford, se multiplicou por seis ... Em 1980, a editora da Universidade de Cambridge publicou 543 novos títulos e a de Oxford, 802. Em 2000, Cambridge publicou 2.376 novos livros, e Oxford, 2.250 ... O total de lançamentos de todas as editoras universitárias, em 2000, foi de 31 milhões de livros.

Florestas inteiras estão sendo derrubadas para agradar aos grandes administradores universitários, que acreditam que estão melhorando o perfil de suas instituições ao elevar os "padrões" para as promoções e para se conseguir estabilidade no emprego [*tenure*]! E editores inescrupulosos e sedentos de dinheiro conspiram nesse jogo de falsas promessas. Métodos modernos e altamente sofisticados de contabilidade foram utilizados para computar o trabalho da comunidade de estudiosos, e está ocorrendo, como conseqüência, o inesperado esvaziamento do trabalho da academia.

O mundo acadêmico deixou-se arrastar pelo jogo contagioso de falsas promessas que parece ter infectado a maior parte da sociedade norte-americana? Se for assim, nossos problemas são mais sérios, e mais difíceis de entender, do que poderíamos supor. São cada vez mais insistentes os protestos contra o jogo de falsas promessas na sociedade norte-americana como um todo, como mostram livros bem conhecidos (por exemplo, *The Case Against Lawyers* [O processo contra os advogados] de Catherine Crier). Para que ela não fique só, vou lhe fazer companhia. Crier denuncia que o crescimento aparentemente inevitável do controle administrativo está sufocando o trabalho real. Ela não culpa apenas os administradores; culpa igualmente os administrados: "Desprezo nossa deliberada ignorância e nossa passiva aceitação desses grilhões impostos ao espírito norte-americano". Acho que esse tipo de protesto deve ser levado para a academia, também. Muita coisa está em risco, sinalizam nossas preocupações com a universidade. Acredito que Andrew Delbanco estava certo quando escreveu que, na "luta que se anuncia pela alma da universidade ... há muito mais em jogo do que jamais houve nos dias gloriosos, e algumas vezes tolos, das *Culture Wars*".[3]

Era costume que os donos de companhias conhecessem o que produziam e gostassem de seus produtos. Hoje, administrar negócios é considerado complexo demais para permanecer nas mãos das pessoas que realmente gostam do que fazem. Temos de ser realistas cuidando das coisas, não é verdade? Mas, eu pergunto: o que então seriam as agulhas e as torres e todos os ornamentos góticos de nossos prédios acadêmicos, a não ser *colleges* e universidades nos quais as pessoas são encorajadas a dar asas a suas fantasias científicas, filosóficas e literárias? O tão falado mercado livre – que é qualquer outra coisa, menos livre – não é um conceito que deveríamos considerar estrutura fundamental para o livre curso das idéias.

O problema é que os defensores do mercado dizem que aquilo que não pode ser contado não é real. Lord Kelvin dizia o seguinte:

---

[3] Trata-se do tipo de confronto ideologicamente orientado, comum na cultura norte-americana a partir da década de 1960, intensificado em alguns aspectos nos anos 1980, envolvendo também o meio universitário. (N.T.)

> Quando podemos medir aquilo de que estamos falando, e expressá-lo em números, sabemos algo a seu respeito; mas quando não podemos expressá-lo em números, nosso conhecimento é pobre e insatisfatório

Como as pessoas consideram o mercado livre a referência fundamental, acabamos adotando a mentalidade de "tamanho único" e comprovamos seu efeito desestabilizador sobre a universidade. Uma das figuras-chave na introdução dessa ideologia de mercado na academia foi o Prêmio Nobel R. H. Coase. Em seu texto vivamente polêmico da década de 1980, *The Market for Goods and the Market for Ideas* [O mercado de bens e o mercado de idéias] ele argumentava que ambos os mercados precisavam ser vistos como um só: "Não acredito que seja válida a distinção entre um mercado de bens e um mercado de idéias". Tratava-se de uma doutrina inspirada nas idéias de Reagan e aplicada à atividade mental. O empirismo torna as pessoas escravas daquilo que podem ver e contar. É mais difícil a verdade se submeter ao mercado que um camelo passar pelo buraco de uma agulha.

Nossos problemas atuais começaram antes de Reagan e Thatcher. A universidade norte-americana passou por mudanças dramáticas, durante a Segunda Guerra Mundial, por causa do modo pelo qual foi convocada a explorar, nesse período, os mistérios do átomo, a fim de desenvolver armas de destruição em massa. Primeiro foi Colúmbia e, então, Princeton, Chicago e, mais tarde, a Universidade da Califórnia. Todas foram arrastadas e alistadas no esforço de guerra sob o comando do Departamento de Pesquisa e Desenvolvimento Científico, instituído em 1941. Os orçamentos das universidades aumentaram tremendamente. E, na mesma medida, aumentou a burocracia universitária. Desde a Segunda Guerra, o setor administrativo das universidades tem crescido em uma espiral fora de controle. Por exemplo, como diz William H. McNeill em uma dissertação sobre a Universidade de Chicago:

> Por volta de 1944, o orçamento anual [da Universidade de Chicago] tinha inchado, alcançando 31 milhões de dólares, três vezes o nível de antes da guerra. Desse total, 22 milhões vieram de contratos com o governo.

A perversão das universidades começou quando foram elas "feitas prisioneiras pelo acesso dos recrutas a recursos até então inimagináveis". E o financiamento do governo "levou as universidades a construir uma burocracia proliferante, própria para lidar com os papéis produzidos pelas agências de financiamento".

O dinheiro reestruturou a academia norte-americana à sua própria imagem, e o dinheiro é um instrumento grosseiro. Até a Segunda Guerra Mundial, quase todas as instituições de ensino superior tinham sido fundadas em nome da religião. Quando algum deus era o nome da estrutura fundamental da academia, o céu era o limite para os tipos de trabalho que ali poderiam ocorrer, porque os deuses transcendem qualquer definição. Não quero que ignoremos o fato de que, no passado, a religião freqüentemente contestou e aguilhoou a livre investigação. Mas quando o dólar se torna a última palavra, o céu se fecha. A suposição de que o mercado aloca eficientemente seus recursos é falsa; diz o Prêmio Nobel Joseph Stiglitz: "O que eles realmente fazem é produzir as pressões que aumentam a produtividade". Em 1973, Talcott Parsons e Gerald M. Platt alertaram, em *The American University*, que "o crescente aumento de importância da racionalidade cognitiva" prejudicaria a universidade, porque esse valor privilegiaria a burocracia mais simplificada. A vida acadêmica é um chamado, não um emprego. Daí a propensão das necessidades acadêmicas a se orientar para um mundo diferente daquele dominado pelo relógio de ponto. Como Stanley Cavell disse: "Um elemento transcendente é indispensável na motivação da existência moral", principalmente para os estudiosos. Agora, a academia carece de qualquer elemento transcendente, e estamos descobrindo as conseqüências disso.

O primeiro resultado do afluxo do dinheiro na universidade foi o surgimento de uma nova e mais ampla camada administrativa, situada acima da comunidade de estudiosos dos departamentos. Assim como na sociedade norte-americana como um todo, esses administradores se tornaram mais e mais alienados de seus clientes e reestruturaram a universidade como "uma máquina social" (expressão de Paul Goodman), com um grande interesse em produzir nomes de marca para as escolas. A universidade foi refeita à imagem e à semelhança da corporação norte-americana, incluindo os três gigantes da indústria automobilística e os estúdios de Hollywood. Não espanta que tenhamos em vigor agora, nas universidades do país inteiro, um sistema desvairado de produção de celebridades. Oprah parece muito mais genuinamente investigativa e intelectual, como sem dúvida é, que algumas das estrelas acadêmicas citadas nas páginas da seção "Arts & Ideas" do *New York Times* de sábado.

A sinergia[4] – oh! Jargão horroroso! – era considerada algo que ajudaria a universidade a vestir seu uniforme

---

[4] De acordo com esse ponto de vista, o termo significa que duas forças ou fatores atuando conjuntamente produzem um efeito superior àquele que seria obtido pela soma dos efeitos

e marchar direito, nos tempos da Segunda Guerra Mundial e da Guerra Fria. O problema é que, até então, a vitalidade da universidade originava-se, em geral, do fato de ela estar fora de compasso com a marcha do tempo. Esse é um grande problema. O economista Peter Frumkin diz:

> Se as organizações não lucrativas [como as universidades] quiserem funcionar com independência ... vão precisar adotar medidas para proteger seu singular conjunto de missões e mensagens.

Agora. Aqueles que valorizam a universidade como a sede do livre pesquisar não têm um minuto a perder.

O crescimento da classe administrativa

A sombria história da nova cultura acadêmica, que foi construída para estar em sincronia com o mercado, foi preparada por todos aqueles livros não apreciados que continuam a aparecer nos catálogos de venda das editoras universitárias, os mesmos títulos que nunca parecem sair do lugar nos sebos próximos às universidades – monumentais e inertes, registros aparentemente permanentes do fracasso do lumpemprofessorado em se comunicar. A questão do "sublime" romântico (isto é, a profunda iluminação que aconteceu com William Wordsworth quando ele se perdeu na subida dos Alpes) tem fascinado os estudiosos em literatura desde a Segunda Guerra Mundial. Na montanha de publicações que apareceu desde a

---

produzidos de modo isolado. Obviamente, o texto aqui faz referência ao fato de que juntar os interesses militares aos acadêmicos traria grandes benefícios para ambas as partes. (N.T.)

metade do século XX, também temos alguma coisa que é igualmente sublime à sua própria maneira – um Mont Blanc ou um manjar branco *à la* Monty Python de publicações, sobre a qual (ou na qual) perdemos o rumo. O sistema de publicações universitárias está crivado de problemas semelhantes aos de diversas outras valiosas formas norte-americanas de comunicação, como o serviço postal (malas-diretas), o sistema de telefonia (telemarketing) e o correio eletrônico (spam). Esses abusos do sistema nos deixam relutantes em atender o telefone, abrir nosso e-mail ou examinar um novo livro. É óbvio que não podemos fechar o sistema postal e o de telefones, e não podemos fechar o sistema de publicações acadêmicas. Precisamos reformá-los. Não há como deter o desenrolar de uma drástica mudança no sistema de publicações universitárias. Ela já começou.

A proliferação de publicações é o resultado do desejo dos administradores de trabalhar com clareza e simplicidade. Um grande número de administradores prefere um padrão de medida – assim como os diretores de escolas elementares, seus colegas, sempre fizeram. Sabemos o que eles dizem: evite a avaliação e estragará o professor. Pode haver alguns colegas de departamento que sejam incapazes de ler os trabalhos dos outros, ou tenham medo de fazer isso, ou simplesmente não queiram fazê-lo, mas quem é que realmente não quer que os livros sejam abertos? Não os acadêmicos, eu afirmo, mas os administradores. Já em 1962, quando o presente regime estava se formando, Paul Goodman indagava, em seu *Community of Scholars* [Comunidade de eruditos], se a universidade seria capaz de sobreviver ao peso da nova burocracia. Os estudiosos e alunos seriam sufocados? É arriscado apontarmos para um único vilão quando estamos tentando explicar o que há de errado em um sistema complexo, mas vou desconsiderar essa espécie de regra em nome de minha polêmica. Mais tarde, tornarei minha explicação mais elaborada, apresentando outros culpados; por ora, desejo enfatizar o impacto do que podemos chamar de revolução administrativa – como James Burnham a chamou na época em que Goodman escreveu – sobre o corpo docente das universidades. Os vilões nesta parte do meu relato são aqueles que empregam as técnicas de administração de empresas e invadem a casa do intelecto, assim como os vendilhões invadiram o templo.

Por que culpar a administração? Não que alguns líderes de universidades não estejam considerando o dilema. O documento de sua política, de dezembro de 2000, emitido por 36 altos funcionários acadêmicos – *Principles of Emerging Systems of Scholarly Publishing* [Princípios dos sistemas emergentes de publicações acadêmicas] – tentou avaliar o problema, mas não tratou da questão-chave da demanda, por parte de sua própria administração, por um número cada vez maior de publicações. Basicamente, trata-se de um mundo de competições acirradas, que só piorou à medida que as universidades se libertaram umas das outras para lutar por dinheiro, fosse qual fosse o modo pelo qual poderiam obtê-lo. Os administradores não têm nenhuma vontade de mudar as coisas enquanto alimentam esperanças de que suas universidades cheguem ao topo. Os principais administradores universitários, como Richard C. Atkinson, da Universidade da Califórnia, procuraram integrar sua universidade ao mundo dos negócios, como parceiros completos. Apenas pessoas totalmente fora da realidade, dizem eles, se preocupam com a comercialização da universidade. As universidades são corporações, como qualquer corporação cujas ações são negociadas na Bolsa de Valores de Nova York; no mínimo, deveriam ser assim! Darwin e Newman foram contemporâneos, mas, para a vida universitária moderna, Charles Darwin pode ser nosso único guia.

Como sobreviver, então? Acho que os humanistas podem fazer seu trabalho melhor, e devem fazê-lo, ou serão vencidos. Paira no ar, depois do 11 de setembro, o sentimento de que os administradores de universidades não têm mais paciência com os professores de humanidades. Um colega meu perguntou ao antigo presidente de uma universidade ligada à Ivy League[5] se ele não achava que os humanistas estariam desempenhando um papel-chave na universidade no momento crítico atual, e o ex-presidente insinuou que não esperava nada das humanidades. "Eles são uma causa perdida." Essa atitude não é incomum entre os principais administradores, que acham que a universidade deve se dedicar a outras coisas, especialmente depois do 11 de setembro, por exemplo, à busca de pesquisas científicas e de dinheiro. Stanley Fish defende o trabalho dos administradores, em um ensaio chamado *First, Kill All the Adminstrators* [Primeiro, matem todos os administradores] em que rebate as reclamações dos humanistas choramingões, alegando que "a administração é uma tarefa intelectual". Seu esforço para eliminar a distância entre adminis-

---

[5] Trata-se de uma associação que reúne oito universidades do Nordeste dos Estados Unidos, a saber: Brown, Colúmbia, Cornell, Dartmouth, Harvard, Princeton, Pensilvânia e Yale. (N.T.)

tradores e administrados não vai funcionar. Esses dois grupos estão em conflito. Não há forma de contornar o caso. O grupo dos MBAs[6] está no comando. Assim, na universidade, temos os negócios de costume, revestidos por um novo espírito de recriminação. Como já apontei, Parsons e Platt previram que, se escapasse ao controle, a mentalidade burocrática causaria um efeito devastador nas universidades. Em seu livro, dedicam apenas uma página à nova questão da demanda por publicações, mas prevêem a possibilidade de um conflito cada vez maior, na universidade, entre os acadêmicos preocupados com a especialização cognitiva e os preocupados com "os aspectos não-cognitivos da cultura".

Imagino se o menosprezo pelas humanidades em geral, como se deduz daquela resposta que já citei, dada pelo ex-presidente da universidade ligada à Ivy League, está fundamentado em um íntimo conhecimento da realidade dos departamentos ou em reportagens sensacionalistas e negativas, publicadas no *New York Times* ou no (agora extinto) *Lingua franca*, sobre o que fazem os estudiosos de humanidades. Mais ou menos nos últimos quinze anos, onde quer que se visse um estudioso de humanidades aparecendo na imprensa, era como naqueles quadros do programa de Letterman dedicados a truques idiotas de animais de estimação. O tom dos artigos – que os jornais publicam ano após ano – sugere: "Dá para acreditar no que esses estudiosos de humanidades malucos estão

---

6 *Master of Business Administration* ou mestrado em administração de empresas, grau universitário bastante prestigiado no mundo dos negócios. (N.T.)

falando em seus congressos anuais, como os que reúnem a MLA?"[7] Então, os jornalistas, para o prazer do público, apresentam uma lista de conferências sobre temas bizarros, que são uma versão contemporânea das decantadas pesquisas sobre quantos anjos dançam na cabeça de um alfinete. O antiintelectualismo é uma grande força na vida norte-americana, mas estaria agora fora de controle?

As universidades estão achando cada vez mais fácil barrar as humanidades. Cada um segundo sua medida! O surgimento da doutrina neoliberal despertou, entre os contribuintes, a noção de que todos os serviços sociais devem ser privatizados. Algumas cidades chegaram até mesmo a entregar suas escolas primárias e secundárias à "livre iniciativa". Mas o ensino das humanidades é difícil de privatizar. A alfabetização pode ser um bem comum, mas – como tantos outros bens comuns – não tem lugar próprio. E os contribuintes estão muito insatisfeitos com os professores, porque não gostam do que lêem sobre determinados luminares, empregados por universidades importantes, cuja fala obscura e impenetrável mais parece entulho. Melhor jogar todos eles no lixo.

A explosão

O problema dos artigos ridículos publicados pelos estudiosos das humanidades foi em parte resultado do grande aumento no número de publicações que se espera que eles próprios (e todos os acadêmicos) perpetrem em papel ou despejem uns sobre os outros, na forma de comunicações em congressos. Esse quadro

---

[7] MLA: Modern Language Association. (N.E.)

mostra um mundo todo errado, mas o problema não se limita às humanidades. Estamos experimentando uma crise generalizada das avaliações, que resulta de expectativas não razoáveis sobre quantos textos um estudioso deve publicar. Não estou dizendo que não haja boas publicações – isso está muito longe de ser o caso –, mas o que as boas publicações têm de bom se perde em meio a tantas produções que são apenas competentes e muitas mais que não são nem isso. Protesto em nome dos bons livros que se perdem na enxurrada dos livros ruins. E não estou dizendo que as coisas medianas não devam ser publicadas. Os estudiosos precisam escrever. E, de fato, ainda é preciso que saiam muitas coisas mais do que só o que é excelente, porque o que é "excelente", com freqüência, apenas atende, hoje em dia, à definição atual do que é *quente* ou não objetável.

O problema é a insistência na produtividade, sem a menor preocupação com a recepção do trabalho. Perdeu-se o equilíbrio entre estes dois elementos – a produção e a recepção. Precisamos restaurar a simetria entre eles. O problema está em fundamentar o acesso ao posto de professor como dependente da quantidade de publicações – publicações que poucos lêem. Não estou dizendo que nenhuma publicação é lida, mas muitas delas nunca o são. Lembremos o antigo enigma filosófico, passado de geração em geração, pelas crianças de escola: se uma árvore cair em uma floresta e ninguém estiver por perto, ela faz algum barulho? Bem, no nível da pós-graduação, a versão dessa questão deveria ser mais ou menos a seguinte: há alguma contribuição para a erudição, se ninguém a lê? Para um poema, de acordo com o *Ars poetica*, de Archibald MacLeish, supõe-se que isso seja suficiente para que exista, não que faça sentido para alguém. Imagino em que grau a proliferação de armas perigosas, mas não utilizadas, influenciou nosso pensamento e de que modo toda a produção acadêmica – mesmo aquela dos altos estudos – esteja enfim se assemelhando à corrida armamentista. Freud diz que uma piada se torna uma piada apenas quando alguém mais ri, além daquele que a contou. A redação acadêmica torna-se uma contribuição à erudição quando alguém mais a lê e dela se apropria para seu próprio trabalho? Acho que sim. Por que a hesitação? Porque pode levar décadas até que algum estudioso leia aquela dissertação de 1894, apresentada na Universidade de Berlim, em latim, por um tal James Henry Breasted; mas, quando ela for lida, poderá provocar a recuperação do mundo perdido de Akhenaton. O efeito nos altos estudos é medido não em termos de largura, mas de profundidade da reverberação que uma obra provoca. A fama passageira não é de forma alguma um indicador.

O aumento meteórico das publicações acadêmicas desde a década de 1960 até a década de 1990 explodiu violentamente, com certeza, da mesma forma que os indicadores Dow Jones e NASDAQ. Agora é hora de parar e entender o quanto essa explosão é inimiga da vida da mente, porque o ensino e a escrita sérios tiveram de ser postos em posição secundária quando as publicações, por si mesmas, foram glorificadas. Mas, em muitos casos, o que conseguimos foi apenas uma aparência de inovação e crescimento, gerada sob o efeito de estimulantes. Pelo bem das universidades, estivemos mantendo o fogo aceso em todos os queimadores, e os potes estão fervendo; mas o que estamos cozinhando? Se você é um cientista, não se deixe alegrar, nem se sentir superior, pensando que a superprodução é um problema apenas para as humanidades. Como escreveu Peter A. Lawrence em *Nature*, em 2003:

> Os administradores estão roubando o poder dos cientistas e construindo uma cultura de contabilidades que [aqui Lawrence cita Onora O'Neill] "visa a um controle administrativo ainda mais perfeito da vida institucional e profissional". O resultado é uma "sociedade de auditores" [a memorável expressão de Michael Power], na qual cada indicador é investido de uma exatidão ilusória e se torna um fim em si mesmo.

Em entrevista para o *Harvard University Library Notes*, Markus Meister, professor de biologia molecular e celular, lamenta o modo pelo qual as publicações científicas são valorizadas, sem nenhuma preocupação com o conteúdo:

> Com freqüência, as comissões de avaliação, quando solicitadas a decidir sobre indicações ou promoções, examinam os nomes das revistas citadas no *curriculum vitae* do candidato, em vez de lerem os próprios artigos.

Ler os próprios artigos! Que idéia exótica! Que coisa medieval! Eu me lembro quando ouvi pela primeira vez Jochen Schulte-Sasse dizer que, na Universidade de Bochum, na Alemanha Ocidental, quando um candidato estava sendo considerado para algum cargo, o departamento inteiro lia todos os escritos dele, e então os discutia. Não é de espantar que as universidades européias não tenham acompanhado o ritmo de suas rivais norte-americanas! De fato, penso que as universidades norte-americanas produziram muito do que há de novo e extremamente valioso em todos os campos cultivados pelos estudiosos, mas estamos correndo o risco de não entendermos quais foram nossas verdadeiras realizações, se nos permitirmos pensar que os lucros auferidos por uma contabilidade fraudada são nossos reais motivos de orgulho. Devemos continuar a prestar atenção nos verdadeiros prêmios da atividade acadêmica: novos experimentos nas ciências e novas experiências nas humanidades.

Meister continua:

> Na minha opinião, a maior dependência que temos como acadêmicos é em relação a esses editores profissionais – especialmente das revistas de primeira linha, como *Science*, *Nature*, *Cell* – em meu campo – e *Neuron*. Nós as vemos como marcas de excelência, como filtros para a excelência.

Assim como em toda malha da sociedade norte-americana, o que conta é a marca, não se o carro vai nos levar de um lado para o outro da cidade. E é claro que nenhuma palavra-chave é mais vazia que "excelência" na linguagem acadêmica, como Bill Readings argumentou convincentemente em *The University in Ruins* [A universidade em ruínas]. É aqui que todos os tijolos e toda a argamassa de nossa torre de marfim se desmancham.

A região sombria

Entramos na região sombria da pesquisa acadêmica, e agora as exigências de produtividade estão levando à produção de um número muito maior de coisas sem sentido. Em épocas como esta, pesquisadores inescrupulosos e inebriados fazem alegações falsas sob a aparência de serem interessantes, mas que são também inverificáveis. Podemos ver à nossa volta o eclipse do valor, em uma cultura da superinflação. De forma especial, os editores de revistas estão achando que não têm tempo para avaliar material, em virtude de terem de manter a linha de montagem em andamento. Mas o problema não é apenas a contagem. Foi um puro divertimento que levou ao triunfo da virtude sobre o vício, o momento em que Alan Sokal provou que os editores da *Social Text* – uma revista que se supunha utilizar o sistema de consultoria independente – estavam tão ansiosos para publicar um ensaio simpático a seus vieses que deixaram de pedir pareceres verdadeiros. Se posso colocar nestes termos, aquilo foi uma fraude consciente mas o logro de Sokal não denunciava as fraquezas do sistema? O que ocorre quando velhas e óbvias manobras fraudulentas são bem-sucedidas e asseguram um posto com estabilidade, para autoridades cujos olhos estão nos números e não no conteúdo? Consideremos os conhecidos artigos de física de Igor e Grichka Bogdanov, na França. Essas pessoas – não poderíamos denominá-las estudiosos ou cientistas sem desonrar esses termos – alegavam estar explorando uma questão fundamental: como era o universo na época do *big-bang*? Eles produziram artigos que lhes deram seu doutorado porque foram publicados em revistas respeitadas, as quais, agora, admitem que os pareceres foram manipulados de forma irresponsável. De acordo com os especialistas consultados depois de o grau acadêmico ter sido conferido aos dois, e eles serem citados em *The Chronicle of Higher Education* [Crônica da educação superior], tal conhecimento consistia em "encadear sentenças que soavam de forma plausível, mas não resultavam nada".

A histeria que ocupou os salões da academia por causa dos Bogdanov sugere que conferir credenciais simplesmente contando as publicações não é mais um processo sustentável. A própria contabilização está conduzindo a academia a disputas quase impossíveis de se resolver, como aquela sobre a hipótese da velocidade variável da luz. Isso veio a público na forma de um apelo de um estudioso, João Magueijo, em um livro popular chamado *Faster Than the Speed of Light* [Mais rápida do que a velocidade da luz], que acusa de corruptos os editores da revista que não tinha publicado sua pesquisa. As coisas acabaram mal. O editor do *New England Journal of Medicine*, Jerome Kassirer, foi forçado a renunciar porque os donos da revista não estavam contentes com a conduta ética que ele havia adotado para proteger a qualidade da publicação. Ele havia colocado a qualidade à frente do lucro. Os donos da revista queriam que ele agisse de forma mais "empresarial", o que significava parar de perguntar de onde estava vindo o dinheiro e começar a descobrir como conseguir mais para sua revista. Ele ficou convencido de que uma "enorme infusão de dinheiro havia gerado incentivos financeiros que poucos pesquisadores médicos poderiam ignorar". O caso Kassirer nos faz pensar se a "atitude empresarial" não poderá um dia ser considerada uma das principais causas do declínio dos Estados Unidos. Aprendemos a não esperar críticas sérias de música popular por parte da *Rolling Stone*, porque a revista não quer ofender os anunciantes. As possibilidades de corrupção são maiores no mundo acadêmico, porque um artigo para o *New England Journal of Medicine* talvez tenha a ver com conseguir estabilidade, algumas páginas de anúncios ou o destino de uma nova droga.

O sistema está a ponto de se desfazer. Mas não acho que possamos simplesmente abandonar os destroços. Temos de perguntar que danos estruturais tais práticas infligiram ao sistema. Meister aponta como mais difícil o problema das questões de avaliação e decisão: "É triste dizer isso, mas de alguma forma nós terceirizamos o processo de avaliação de nossos colegas, relegando-o a essas revistas de elite". Essa última afirmação do professor Meister ecoa o que considero ser a mais inquietante, para não dizer a mais especulativa, asserção que fiz em dois de meus três primeiros ensaios sobre como os problemas de publicação trazem à luz até mesmo os piores problemas dentro da academia como um todo:

> Chegamos à nossa situação atual porque a concessão da estabilidade acabou dependendo demais das decisões das editoras universitárias. Em grande medida, as equipes dos departamentos pararam de julgar por si mesmas o valor de um candidato como estudioso, e passaram a esperar que as editoras decidissem isso. Havia certas vantagens em fazer as coisas dessa forma. Não precisávamos olhar diretamente para os nossos colegas e dizer que nosso grupo havia lido seu trabalho e julgado que era deficiente em tais e tais pontos; assim, por favor, refute-nos ou você deve ir embora, apesar do fato de ser uma pessoa maravilhosa. Poderíamos dizer algo como: Embora todos saibamos que você é uma pessoa maravilhosa, infelizmente as editoras universitárias dos Estados Unidos decidiram que seu trabalho não é importante por razões que eles conhecem e, sem dúvida, compartilharam com você; portanto, você deve ir embora.

A raiz do problema

A terceirização deveria ser vista como algo escandaloso. Terceirizar é o que a Ford faz quando compra baterias da Delco e pneus da Firestone para seus carros novos. O que quero dizer? Estou dizendo que nossos colegas estão assustados demais para decidir? Sim. Isso é verdade em toda parte? Não. Analisando mais profundamente as áreas de estudo, é possível apontar com precisão os departamentos acadêmicos do país nos quais os professores não estão com medo de encarar a decisão. Além disso, muitos departamentos funcionam como um de meus amigos diz: "Sinto dizer, Lindsay, mas embora tenha razão em suas afirmações, acho que não há nada a fazer a respeito, porque a maior parte de meus colegas [do departamento de uma universidade que deve permanecer anônimo] se sente incapaz de julgar o trabalho de seus pares. Achamos que temos de nos submeter a você e a seus colegas das editoras."

Depois que aqueles meus artigos apareceram na PMLA[8] e em *The Chronicle of Higher Education*, muitos outros artigos apareceram, e simpósios e sessões foram organizados. Inicialmente, quando Masao Miyoshi, Paul Bové e eu começamos a falar, em uma sessão da MLA, sobre essa questão da pressão dos acadêmicos sobre editores e livros, para que se acelerasse o processo editorial a fim de tornar a obtenção da estabilidade mais suave e previsível, fomos recebidos com descrença e escárnio, sem citar as ameaças físicas. Não estou brincando. Poucos de meus interlocutores negavam o que eu estava dizendo; alguns me acusavam amargamente de dar com a língua nos dentes, ou de tentar matar a galinha dos ovos de ouro ("de ouro de tolo", penso eu), mas muitas reações foram como esta, do consagrado erudito Arnold Rampersad, da Universidade de Stanford, que me escreveu dizendo: "Seu termo 'terceirizar' é um golpe arrasador para o processo de obtenção da estabilidade, que parece absolutamente verdadeiro".

---

8 PMLA: Proceedings of the Modern Language Association. (N.E.)

Mas o presidente da MLA para o ano de 2002, Stephen Greenblatt, aceitou o aviso e o transformou em uma carta, datada de 28 de maio de 2002, para todos os associados da MLA, em que pedia ao professorado que levasse a crise em consideração. Mesmo aqueles que, no painel de 2001, haviam rejeitado a idéia de que houvesse uma crise, como Cathy Davidson, pró-reitora da Duke, aceitaram o fato. A liderança erudita da MLA publicou um relatório, *Developing Recommendations on Scholarly Publishing*,[9] e prosseguiu tentando descobrir que crise era aquela e como enfrentá-la. Depois do choque inicial causado por ter de aceitar as más notícias de que o sistema precisava mudar, as pessoas começaram a arregaçar as mangas e trabalhar.

Quero instigar os departamentos, incentivando-os a se rebelar e retomar as rédeas de sua própria direção, mostrando como deixaram de fazer isso; eles não deveriam mais permanecer passivos e em posição secundária. Mas não quero culpar apenas esses. Minha denúncia está pregada também na porta do sistema administrativo posterior à Segunda Guerra Mundial. Vejamos o que diz o reitor Stanley Fish em sua resposta a meus ensaios:

> Entendo seu argumento contra delegar as decisões sobre a estabilidade às editoras universitárias, mas, como reitor, utilizo esse processo como um dispositivo de contenção. Confio nas editoras e em seus leitores mais do que nos departamentos. Espero que você esteja bem e que a editora de Harvard prospere, assim como eu também.

Isso é admiravelmente direto e pragmático, daquele modo que costumávamos associar com a hipócrita sin-

---

9 Recomendações em desenvolvimento para as publicações acadêmicas. (N.T.)

ceridade dos ingleses – exatamente como Podsnap. De fato, muitas universidades nem mesmo deixam os comitês de promoção e estabilidade examinar os trabalhos escritos de um candidato, quando chega o momento de tomar uma decisão, insistindo que eles apenas examinem as cartas sobre seu trabalho. Recentemente, em uma universidade importante, um membro externo de um comitê *ad hoc* insistiu que as publicações do candidato (que ele havia trazido consigo e jogado sobre a mesa) fossem trazidas à discussão. Depois de muita resistência, sua vontade foi feita. A terceirização é uma norma com tanta força que o contato direto com os escritos do candidato terminou sendo proibido em muitos casos.

Há muito que se dizer às editoras universitárias a respeito do melhor mecanismo para decidir se o trabalho de um especialista é bom o suficiente para que ele mereça a estabilidade. Raymond Guess escreve:

> É muito difícil sermos criteriosos ao julgar o trabalho escrito de alguém que conhecemos de perto e com quem trabalhamos todos os dias. Em um departamento, necessariamente haverá atritos pessoais, antipatias, simpatias irracionais, e será virtualmente impossível para as pessoas envolvidas permanecerem tão lúcidas quanto um grupo de dois ou três consultores vindos de algum *outro* lugar, escolhidos pela editora universitária por sua competência, e cujo parecer permanecerá em completo anonimato. De muitas formas, o processo de consultoria em uma grande editora é um modelo absoluto do que de melhor se pode esperar alcançar nas humanidades, porque um manuscrito tem de passar por uma avaliação escrita por parte de especialistas – para assegurar sua qualidade acadêmica – e então passar *também* pelos olhos críticos de diversos editores experientes, que não são especialistas, mas representam o público leitor instruído em geral, para assegurar seu "interesse geral".

As afirmações de Fish e Guess levantam questões: por que não podemos confiar em nossos colegas nos departamentos, pelo menos na mesma medida em que confiamos nos consultores e no conselho de uma unidade? E o que, em verdade, devem as editoras universitárias publicar, se os livros se tornaram estatísticas favoráveis em um *curriculum vitae* e um registro na contabilidade da editora universitária? Quem vai pagar pela manutenção do sistema no qual Fish confia, se esperamos que as editoras publiquem livros visando a alcançar a estabilidade, livros que ninguém lê ou compra? Vejamos esta passagem de um artigo de Rick Anderson:

> De acordo com a edição de 2002 do *Survey of the Academic Libraries*,[10] as compras de material impresso pelas bibliotecas em geral baixaram ... e o declínio é acentuado: 6% entre 2000 e 2001, e aproximadamente mais 8% em 2002. Examinemos mais especificamente as tendências de vendas das monografias acadêmicas ... e os números são ainda mais assustadores: de acordo com o levantamento anual da Associação dos Editores Americanos, as compras feitas pelas editoras universitárias estão praticamente em 12%, em junho de 2002 ... Examinemos especificamente o caso dos livros de capa dura das editoras universitárias, e os números da AEA são ainda mais sombrios: um declínio de 20% ... entre junho de 2001 e junho de 2002.

De acordo com esse observador – um espírito mais sombrio do que Cassandra –, o que esses números significam é que "como uma ferramenta de pesquisa o livro impresso está morto". Muitas bibliotecas querem comprar equipamento eletrônico, não livros. As bibliotecas da América do Norte estão sendo enganadas

---

10 Levantamento das bibliotecas acadêmicas. (N.T.)

por editores de revistas com a finalidade de lucro. A biblioteca da Universidade de Nova York, por exemplo, gasta 25% de seu orçamento com revistas da Elsevier-North-Holland e mais 25% com revistas de duas ou três outras editoras que visam ao lucro, que percebem que é muito pouco provável que as bibliotecas cancelem uma assinatura. Os livros estão sendo banidos.

Assim, eu pergunto ao reitor Fish e a outros reitores e administradores de alto escalão: por que enaltecer a impessoalidade do novo sistema? Os livros – pelo menos aqueles que são realmente publicados – tornaram-se, neste sistema, apenas ícones a serem contados ou reverenciados, mas não examinados. Temos os números das vendas, e eles são aterradores. Eles fazem o nosso pessoal de finanças passar mal e, aos poucos, estão conseguindo também fazer passar mal os editores encarregados de aquisições que ainda permanecem empregados. Prosperar, realmente! Mas como? Como foi que chegamos a departamentos cheios de acadêmicos infantilizados? Uma cultura de timidez desenvolveu-se entre os que têm estabilidade e aqueles dos níveis não adjuntos que podem pleiteá-la. Com certeza, os que têm estabilidade não parecem tão acostumados com seus privilégios ou com o esquecimento do sofrimento dos adjuntos quanto os membros da diretoria das empresas estão em relação a seus empregados ou acionistas. Ou estão? De qualquer forma, eles são diferentes daqueles que não têm estabilidade por terem suas contas de alimentação e benefícios de saúde pagos pela vida toda, diferentemente da maior parte dos norte-americanos. Eles têm muitas razões para ser conformistas e não provocar nenhuma confusão. Será que os privilégios dos que têm estabilidade – em oposição a quaisquer desafios intelectuais que possam impor aos contribuintes – são a razão pela qual sua clientela pareça cada vez menos enamorada deles?

A importância fundamental do julgamento

O problema aqui é que, em seu próprio cerne, as humanidades – e a este respeito elas são diferentes das ciências naturais e sociais – estão preocupadas com a faculdade de julgar, aquele processo no qual a imaginação "se volta para si mesma" – como Kant diz na *Crítica do juízo* – e nosso espírito "se expande". O juízo é o alicerce sobre o qual as humanidades são construídas. De fato, elas são constituídas pelo processo de alcançar a auto-reflexão que liberta os seres humanos para realizarem atos de julgar, isto é, decidir o que e como as coisas são. O juízo, nas palavras de John McDowell, é "um exercício de liberdade responsável". As humanidades modernas originaram-se de debates sobre o valor da pintura, da arquitetura, da escultura e da literatura, nas cidades da península italiana, a partir da época de Dante. Julgar é uma atividade delicada, na qual a opinião e o sentimento contam tanto quanto o conhecimento. Por exemplo, o juízo de que as pinturas de Sandro Botticelli mereciam atenção foi obra de artistas e de outras pessoas de sensibilidade moderna, "com mais paixão do que exatidão", como Frank Kermode mostrou em *Forms of Attention* [Formas de reflexão]. Os estudiosos demoraram a perceber a tarefa de julgar o valor de Botticelli, mas sua ignorância da obra desse artista não foi nenhum crime. Julgar é algo que ocorre na história. Não há certo ou errado absolutos nessa questão, a não ser a recusa em participar e a crença em absolutos. Qualquer atividade que não seja julgar é periférica.

Assim, a decisão sobre a estabilidade de um professor representa a própria essência do trabalho das humanidades. Quando os departamentos e os administradores terceirizam essa avaliação, eles evitam a tarefa de decidir em liberdade. Isso não seria uma grande perda para o mundo acadêmico a não ser pelo fato de, nesses casos de avaliação, os acadêmicos terem uma oportunidade ímpar para produzir novas idéias. Como McDowell disse: "Os atos de avaliação são o tipo paradigmático de acontecimento no qual as capacidades conceituais são realizadas" – especialmente no processo de formular juízos e então defendê-los diante de outros seres humanos.

Julgar ou não julgar: eis a questão. Que combinação de sentidos cognitivos e afetivos me provê das bases adequadas para um juízo? Kant fez do juízo, o juízo estético, o centro de todo um projeto crítico, ligando as ciências exatas com o que chamaríamos de ciências sociais e com a ética. Recentemente, E. O. Wilson propôs em *Consiliense: The Unity of Knowledge* que a ciência exata é a rainha de todas as artes e ciências e deveria agora ditar o temário das artes; mas seu gesto de auto-engrandecimento revela a nudez de seu plano imperialista para a dominação da academia. Talvez Wilson não seja imperialista, mas apenas oportunista. Com as humanidades em retirada em todos os setores da universidade, há um vazio de poder, e alguma disciplina deve surgir para nos proporcionar, digamos, disciplina. A literatura foi bem em seu tempo, ele parece sugerir, mas agora estamos mais além. Os números são a linguagem que nos fala aquilo que é divino. É uma pena que ele não comece seu livro com *In principio erat numerus*.

Kant nos dá uma noção mais generosa de como articular física, ética e artes. Para Kant, o juízo é, antes de tudo, individual: "Ser esclarecido significa pensar por si mesmo". Os economistas, conspirando com os políticos, poderiam tentar nos convencer da possibilidade de uma economia de incentivos,[11] mas não há algo que se possa chamar de pensamento de incentivos. Temos de fazer isso por nossa própria conta. O juízo crítico evolui segundo uma curva, que passa pelo *nosso* próprio estômago, por *nosso* modo único de entender as coisas, ou então ele é nada. Assim que me convenço de que tenho uma noção do que está em jogo na avaliação de uma obra de arte, por exemplo, sinto o impulso de compartilhar esse juízo com os outros, e é então que entro no que McDowell denomina o "espaço das razões". Nele, uso as minhas "razões" para convencer os outros de que eles vão se sentir do mesmo modo que eu sobre aquela obra de arte. Todas essas reflexões sobre o juízo já foram fundamentais e bem conhecidas, mas se tornaram menos conhecidas durante o século XX, à medida que o pensamento corporativista surgiu e triunfou na política, nos negócios e na academia. Desde Herbet Croly, no início do século XX, até Robert S. McNamara, e mais tarde Richard Rorty, alguns intelectuais de vanguarda acreditam que o grupo deve eclipsar o indi-

---

11 No texto, *trickle-down economics*, ou seja, a teoria econômica segundo a qual os incentivos dados aos grandes negócios, para aumentar primeiro a produção, seriam redistribuídos gradativamente aos pequenos negócios e aos consumidores. Tal teoria contradiz a teoria tradicional, fundamentada na demanda, colocando então a oferta em primeiro lugar. (N.T.)

víduo. Seja tudo o que você puder ser: junte-se aos melhores e aos mais brilhantes e aprenda a amar a morte do indivíduo, ou seja, seu próprio eu! Uma razão pela qual nós, no mundo acadêmico, poderíamos ficar confusos quanto à nossa obrigação (como a concebo) de fazer juízos é que poderíamos acreditar que, em virtude do próprio mundo hierárquico em que vivemos na academia, ninguém realmente espera que exerçamos nosso juízo, ou quer que façamos isso, mesmo quando se trata de decisões sobre a estabilidade, que parecem pedir de nós algum julgamento. Outra razão relacionada com isso, e a qual poderia nos deixar confusos em nossos julgamentos, é acreditar que julgar deveria ser uma prerrogativa especial dos mais inteligentes entre nós. Pensar dessa maneira é ceder a uma confusão para a qual o intelecto está predisposto; mas em questão de juízo, o que conta é o caráter, e não o intelecto. Hannah Arendt disse:

> A pré-condição para ... julgar não é uma inteligência altamente desenvolvida ou alguma sofisticação ... mas, em vez disso, a disposição para viver explicitamente consigo mesmo, para o intercurso consigo mesmo.

Temos de superar o medo generalizado de julgar que permeia nossa sociedade.

Esta foi a grande era da corporação, não do indivíduo. O individualismo é uma coisa típica do "Não saiba muito sobre a história!" vigente no século XIX, tão orgulhoso disso. Quando Sam Cooke cantou essas palavras, havia ironia, raiva e frustração no que dizia. Ele estava protestando contra a péssima educação oferecida aos negros pobres nos Estados Unidos. Quando nossos medíocres professores o citam para provar o quanto estão cientes das coisas, apenas mostram que perderam tudo isso. É apenas história, e a história é palavrório. Já era. Está acabado. Essa é a lição que os novos historicistas teriam a nos ensinar. Eles louvam – nas palavras de Greenblatt, emprestando a linguagem de Joseph Schumpeter – "a incessante destruição do antigo para abraçar o novo". De qualquer forma, mesmo no século XIX, a individualidade não era realmente desejada, exceto por parte dos colonos, nos prados norte-americanos. Até na velha Europa, Kierkegaard reclamava em *A época atual*:

> O princípio abstrato de nivelamento ... como o cortante vento leste, não tem nenhuma relação pessoal com qualquer indivíduo, mas apenas uma relação abstrata, que é a mesma para todo mundo.

O que estou sugerindo é que não é de todo surpreendente que os membros individuais dos corpos docentes comecem a pensar que sua própria voz importa cada vez menos nas decisões sobre a estabilidade docente, em comparação com o que se parece com o juízo profissionalmente produzido pelas editoras universitárias. Delas se pode esperar que apresentem algum juízo profissional, por meio do qual pareçam abstraídas e desligadas da vida. Então – espera-se – nossos sentimentos individuais e o que pensamos dos nossos colegas pode ser quase eliminado do processo. Também não é surpresa que o livro se torne o troféu da realização profissional – como um distintivo de escoteiro usado sobre o uniforme – quando a própria individualidade de sua produção e recepção não estão mais no centro das atenções. Leopardi tem uma frase maravilhosa sobre a *carte sudate*, aquelas páginas de manuscrito sujas pelo suor das mãos que as produziram. Mas nossos estudiosos querem dizer sobre seus próprios esforços: "Veja, mamãe, sem as mãos!." Certamente, isso é mais higiênico, mas, como resultado, as publicações acadêmicas se tornaram tarefas em série, como as peças que rolam pelas esteiras de uma linha de montagem. A produção é ofuscada, do mesmo modo que a recepção de tais produtos. Olhe direto adiante, não para os lados. Senão, você pode se distrair e não conseguir fazer o trabalho com os recursos e o tempo que tem. Os livros têm de ter poucas idéias, de modo que não alarmem seus leitores nem sobrecarreguem a mente deles, se por acaso forem lidos. Sob um tal regime, tudo o que é sólido derrete, como queijo para *fondue*.

A crise da contabilidade acadêmica

O produto é tudo que conta, não sua recepção, não o uso humano. Isso é produção apenas com o valor de um fim em si mesmo e praticamente mais nenhum outro. Para o acadêmico vivendo sob esse regime, o trabalho que define sua vida se tornou isolado das experiências vivas; a prática não vale mais nada para ele. Se mantivermos esse curso de ação, poderemos alcançar o que Angus Fletcher denomina não economias de escala, mas "falências de escala". Nosso estudo da situação atual fica comprometido se não temos acesso aos números de que precisamos. É hora de divulgar alguns números-chave para que a indústria de publicações acadêmicas sem fins lucrativos tome pleno conhecimento de sua realidade. Nos últimos trinta anos, começando com um patamar médio mínimo de 1.250 exemplares por título de humanidades, estamos agora conseguindo vender 275. Não temos dados gerais atualizados das editoras universitárias para mostrar o aumento crescente no volume de publicações e o declínio concomitante do retorno financeiro sobre cada título, mas cada editor sabe com grande exatidão como essas tendências atingem sua casa editorial.

Essa indústria mudou da seguinte maneira. O lucro líquido anual das editoras universitárias, nos Estados Unidos, passou de menos de US$ 25 milhões, em 1963, para aproximadamente US$ 40 milhões, em 1972, US$ 120 milhões, em 1982, US$ 350 milhões, em 1992, e US$ 360 milhões, em 1994. É claro que os livros foram prejudicados nas bibliotecas acadêmicas pelo comportamento astuto dos editores de revistas com fins lucrativos, que descobriram, desde o início da década de 1970, como aperfeiçoar técnicas para se apossar da maior parte dos orçamentos de aquisição das universidades da América do Norte. Já mencionei a situação na Universidade de Nova York. No sistema geral de bibliotecas da Universidade da Califórnia, o perfil das compras modificou-se radicalmente. Em 1980, 65% do orçamento para aquisições foram destinados a livros e 35% a revistas; agora, em 2003, são 20% para livros e 80% para revistas. Os bibliotecários não protegeram os orçamentos para livros das garras de editoras comerciais gananciosas, que os trapaceiam com revistas. E, infelizmente, a nova biblioteca utópica para os profissionais de biblioteconomia é aquela que ficará quase inteiramente livre de papel. Bem agora, ela está cheia até a boca; mas, nos sonhos de nossos colegas bibliotecários, todo esse atravancamento dos livros será eliminado.

Muitos fatores causaram a crise da contabilidade acadêmica, que se compara ao mau comportamento econômico das décadas de 1980 e 1990 e à inflação de categorias nos escalões mais baixos da carreira universitária. Alguns acadêmicos permitiram aos editores produzir "produtos" que absorvem completamente o orçamento das bibliotecas a fim de garantir a estabilidade para diversas pessoas. Vamos lançar o produto, mas não exija demais. Aqui é onde os interesses de alguns editores conflitam com o sistema. As universidades querem agilizar o processo de forma a se tornarem parte das "Dez Mais Do Primeiro Time", como se isso fosse realmente possível. Narrativas que ouvi da boca de diretores e reitores gananciosos lembram bastante um dos contos de fadas dos irmãos Grimm, sobre o pescador e sua mulher. Quanto mais ele lhe dá, mais ela quer. No início, é apenas um peixe grande; no fim, é ser eleita para o posto do papa! O pescador deixa-se levar inadvertidamente pela escalada gradual de pedidos até que eles se tornem uma blasfêmia total.

Alguns editores sabem que os únicos livros que realmente vendem – ou os únicos livros que eles querem que vendam – são aqueles com novas idéias e novos métodos, descobertas surgidas do fundo do arquivo. Esses editores não têm outra escolha a não ser garimpar livros que são como experimentos únicos. Eles não publicam livros-texto ou antologias. Essas pessoas precisam olhar na direção da inovação acadêmica, da pesquisa, do livre curso da inteligência; em outras palavras, encontrar livros e artigos que pareçam experimentos únicos. Uma das coisas que torna a situação atual intolerável para tais editores é que, nessas circunstâncias, a chancela de qualidade funciona precisamente da forma oposta àquela na qual se supõe que deva funcionar. Em uma situação saudável, essa chancela ganha um leitor de livros. Nesta situação – na qual a publicação está subordinada à máquina de produção de estabilidade – uma chancela de qualidade significa que ninguém precisa ler o livro porque ele livro tem um certo mérito e, portanto, não precisa ser lido. O capital emocional que um editor tenta ganhar para sua chancela se frustra em nosso ambiente.

Temos de enfrentar a desagradável realidade de que as instituições acadêmicas e o livre uso da inteligência se tornaram, enfim, opostos um ao outro. Os profissionais encorajam, na educação superior, uma versão da mesma "aprovação social" que prevalece no ensino fundamental dos Estados Unidos. Devemos aceitar isso? Allan Bloom denunciou, em *The Closing of the American Mind* [O fechamento da mente norte-americana], que filhos e filhas pródigos, em sua leitura indisciplinada, aliada à maneira pela qual misturam a baixa cultura com a alta filosofia, estão construindo uma idade das trevas. Stanley Fish apareceu depois apoiando Bloom em seu questionamento do interesse pela filosofia demonstrado pelos estudiosos de literatura. Surpreendentemente, dado seu acordo básico com Bloom sobre como a filosofia pode ser perigosa para os jovens, ele *louvava* o fechamento da mente norte-americana. O que ele realmente faz é apenas aprovar esse fechamento como um fato que deve ser aceito: "A mente norte-americana, como qualquer outra, sempre será fechada". Deus pode não gostar – e Milton assevera isso – de uma virtude intermitente, mas o reitor Fish adora uma mente intermitente, e assim, ele sugere, deveriam fazer nossas faculdades e universidades. Bloom, pelo menos, afirmava que o fechamento da mente norte-americana era deplorável.

A busca acadêmica pelo único é diferente da busca administrativa pelo "excelente". Quando a academia marcha ao ritmo da produção fordista, não espanta que as decisões sejam tomadas de modo totalmente alienado dos árduos detalhes do real, do "trabalho miserável e sujo" dos estudiosos individuais, dedicados a esmiuçar aquilo de que é feito o objeto de sua disciplina. E se todos os traços do encontro pegajoso entre o pesquisador e a matéria-prima de seu estudo foram deixados para trás, então, nas deliberações finais a respeito da estabilidade, até mesmo os seres humanos – e não apenas os estudiosos das humanidades – terão sido eliminados do âmbito cognitivo, porque assim será o caso de apenas as soluções técnicas serem soluções *sérias* para os problemas enfrentados pelos indivíduos e pela sociedade. Heidegger diz: "Quando o pensamento chega ao final desfazendo-se de seu elemento, ele compensa essa perda garantindo sua validade como *techne*".

Seria uma caracterização justa dizer que a academia tem sido marcada pelo desenvolvimento de uma linguagem cada vez mais técnica. Trata-se da linguagem que a elite administrativa da empresa fordista utiliza em seus documentos. Mais de vinte anos atrás, Edward W. Said queixava-se de que aqueles que encobrem seu pensamento com a obscuridade da linguagem técnica – seja da esquerda ou da direita, não faz diferença – voltam as costas para a vida. Ele dizia que esse desenvolvimento marcava "o triunfo da ética do profissionalismo". Mesmo a teoria, que se supõe ser destinada a esclarecer as coisas, pode se tornar um meio para obscurecê-las, quando tal linguagem teórica é empregada como uma insígnia de quem pertence a um clube e como um meio de excluir os *polloi*. Os empresários acadêmicos (como George W. Bush diria, para agradá-los) usam palavras para se separar dos que não são profissionais e fazem da linguagem algo antinatural e anti-humano. Tais críticos (diz, mais uma vez, Said) "vão se esforçar ao máximo para encontrar uma linguagem técnica sem qualquer outro uso além do descrever a função do texto".

A escuridão cai sobre nós, como Alexander Pope ou Bob Dylan diriam. Há pouco tempo, um bondoso Robert Solow, ganhador do Prêmio Nobel de Economia, apiedou-se das humanidades e propôs, em *The Chronicle of Higher Education* [Crônica da educação superior], apoiá-las neste seu difícil momento. Mas como? O que falta a essa gente da palavra e das imagens? Números! "Vamos quantificar as humanidades!". Detesto demonstrar ingratidão, e o professor Solow é um acadêmico maravilhoso, mas não acho que sua proposta seja útil. Os números, neste caso, são o veneno, e não o remédio.

O que pode importar já foi severamente delimitado. As condições da verdade foram circunscritas de tal forma que agora se pode reconhecer, como disse Jean-François Lyotard, que:

> as regras do jogo são imanentes a ele, que elas só podem ser estabelecidas dentro dos limites de um debate que já seja científico por natureza, e não há qualquer outra prova de que sejam boas, além do consenso que lhe é conferido pelos especialistas.

A revolução administrativa, profe\tizou James Burnham, um intelectual politicamente influenciado pela Guerra Fria, revolução por meio da qual os burocratas – pessoas que nunca tiveram suas unhas sujas pelo trabalho – tomaram o controle dos meios de produção, já aconteceu. Ela enfim chegou ao próprio centro do processo decisório e transferiu a responsabilidade das decisões, dos ombros do mero especialista, para a corporação. Ela cravou uma estaca no coração da academia.

Apenas as relações de poder entre grupos de seres humanos aparecem no radar da elite administrativa; assim, as questões que tinham sido de tanto interesse no passado – as coisas que foram estudadas, as palavras que foram escritas em revistas e livros, aquelas coisas que colocamos nas estantes das bibliotecas – saíram de cena. São todas formas sem conteúdo. Esse é o problema básico de nosso desastre ecológico na universidade.

Há alguma relação entre a melancolia atual da academia e o progresso e a vitória da revolução administrativa dos últimos trinta anos? Acho que sim. Uma das questões que me preocupa mais é por que, no momento atual, tantas disciplinas do mundo acadêmico encontram-se tão paradas. Por que o triunfo da revolução administrativa nos levou a esses tempos intelectualmente tão reacionários? Trinta e cinco anos atrás, vinte e cinco anos atrás, havia uma tremenda efervescência; agora, parece haver muito pouco vento em nossas velas. Na próxima parte, vou mostrar como penso que o veneno no topo das universidades cria um veneno no coração de seus departamentos.

Parte II:
Do cinismo à iconoclastia –
a promoção do *status quo*

A elas foi dada a escolha de se tornarem reis ou mensageiras de reis. Como acontece com as crianças, todas queriam ser mensageiras. É por isso que há apenas mensageiros correndo pelo mundo e, como não há reis, elas trocam mensagens que se tornaram sem significado.

Franz Kafka

Você é uma pessoa completamente diferente quando está apavorado.

Warren Zevon

Poderia parecer que nós, da academia, estamos nos saindo muito melhor que há cinqüenta anos. Aparentemente, está havendo um "progresso", na forma de um aumento no número de publicações. Pelo país afora, ouço relatos de administradores importantes, ansiosos para reforçar o número cada vez maior de pedidos de estabilidade, chegando cada vez mais perto da condição de "Universidade de Pesquisa Nível 1".

Esse progresso é apenas uma aparência enganadora, mascarando a melancolia acadêmica. Forças-tarefa universitárias surgiram para descobrir o que deu errado. O estudioso típico se parece cada vez mais com a figura retratada por Charlie Chaplin em seu *Tempos modernos*, trabalhando louca e insensatamente para produzir. Estaríamos tomados por uma força que ultrapassou nosso controle? Devemos nos render ou lutar? O que se pode fazer?

É tarde demais para mudar o sistema? Prevalece agora um certo desânimo. Como avaliar nossa situação? As "guerras culturais" das últimas três décadas

– sinto dizer – deixaram muitos acadêmicos fora de combate. Alguém fora de combate é, por definição, alguém que foi esmagado e, assim, não tem nenhuma perspectiva de sua situação.

A espontaneidade é essencial para o funcionamento de nossas capacidades conceituais. A censura voluntária tem sido uma força dominante na universidade, ao longo dos últimos vinte anos. Desenvolvemos poderosas inibições. Em *Dentro da baleia*, Orwell fala do quanto era difícil escrever bem na década de 1930:

> É quase inconcebível que bons romances pudessem ser escritos numa tal atmosfera. Os bons romances não são escritos por farejadores de ortodoxia, nem por pessoas que se sentem culpadas por sua própria heterodoxia. Bons romances são escritos por pessoas que não têm medo.

Apenas o professor-assistente mais extraordinário poderia escrever um bom livro na situação atual, com a arma do processo de estabilidade no emprego apontada para sua cabeça; e, com as atuais expectativas de aumento de produtividade, ele é tudo menos livre. Stanley Fish opõe-se a esta situação, dizendo que "há sempre uma arma apontada para sua cabeça", como se tivéssemos de aceitar essa fatalidade. Temos mesmo?

Um maremoto nos arrastou no final da década de 1960. Se nos permitirmos ser nostálgicos, podemos relembrar o *Free Speech Movement*[12] como um sucesso. Se formos realistas, acho que deveríamos vê-lo, no melhor dos casos, como uma vitória de Pirro, seme-

---

12 Movimento do Discurso Livre, um movimento estudantil surgido na Universidade da Califórnia, em Berkeley, em 1964, na época das grandes manifestações estudantis dos anos 1960 e 1970 do século XX, liderado por Mario Savio. (N.T.)

lhante a tantas outras vitórias dos liberais nas três décadas que se seguiram. Ronald Reagan subiu ao poder no dorso de Mario Savio. Também subiram ao poder, com a supressão da pesquisa livre, diversos estudiosos que se tornaram arquitetos do regime no qual vivemos nos últimos trinta anos, pessoas que ainda agora simplesmente nos encorajariam a seguir o sistema, condenando a idéia de que qualquer coisa nova possa acontecer no meio acadêmico e afirmando que isso não faria diferença para o mundo, mesmo que acontecesse.

Uma certa timidez permeia o mundo acadêmico no momento. A sabedoria de hoje diz: não formule grandes questões; não pergunte por que as coisas são como são. Por exemplo, a forma segura de acabar com alguém em filosofia consiste em comentar algo do tipo: "Oh, esse Chuck Taylor, ele é um cara que só vê o Quadro Maior!" Seja sabiamente modesto: fique com as pequenas coisas.

O novo conflito de gerações

A crise que está surgindo – e ela está apenas surgindo; ainda não vimos de forma alguma o pior dela – nos dá a oportunidade de perguntar como chegamos aonde chegamos, começando em um tempo em que as coisas pareciam possíveis até este momento, quando apenas as contribuições mais insignificantes parecem toleráveis, desde que sejam apresentadas em um volume encadernado.

Os membros mais antigos da comunidade acadêmica acham que os mais novos não entendem que estimular a responsabilidade profissional é uma máscara para disfarçar o medo dos mais velhos? Os pais sempre pensam que seus filhos não sabem o que está acontecendo, mas os acadêmicos mais novos (estudantes de pós-graduação, adjuntos e assistentes) podem compreender o que é o quê. Há um número crescente de acadêmicos mais novos descontentes com a situação, e eles estão começando a falar abertamente. Sua raiva está ganhando voz. No ano passado, Jessica Chalmers, da Universidade de Notre Dame, organizou um encontro na Universidade Duke. Ela e seus colaboradores estão começando a perguntar onde os corpos estão enterrados. Seu encontro denominou-se "Mesa-redonda sobre a história e a historiografia da Teoria". Um dos participantes, Jon Erickson, em um trabalho intitulado "O suicídio da teoria", questionou o heróico relato da teoria apresentado pelos mais velhos e argumentou que o duro discurso, até de transgressões temperadas à Marquês de Sade, não pode mais mascarar o compromisso daqueles que utilizam tal linguagem veemente para evitar um sério engajamento intelectual a todo custo. Mesmo quando falam sobre "negociação", podemos estar certos, diz Erickson, de que nenhuma discussão será autorizada.

Neste ponto, os colegas mais jovens – a quem Chalmers denominou "A geração perdida" – não podem de modo algum montar o quebra-cabeça inteiro, porque precisam de alguma orientação da geração mais velha, que se recusa a dá-la. Não há mão estendida entre as duas gerações. O grupo dos mais jovens atingiu a maioridade depois que o grupo da década de 1960 estava determinado – como entende Chalmers – a se distanciar das loucuras dos anos 1960. Eles não queriam saber como acabaram seus irmãos e irmãs. As pessoas dos anos 1960 não pararam de falar sobre as maravilhas e os horrores que se abateram sobre elas, e a geração seguinte não queria ouvir falar disso, porque um mundo totalmente novo de idéias surgiu na década de 1970, obscurecendo as experiências e idéias que marcaram o decênio anterior. Os corpos docentes de pós-graduação baniram todo e qualquer discurso sobre os "tempos pré-teóricos", fosse da parte de Lionel Trilling, fosse de Norman O. Brown. Os que obtiveram seu doutorado nos últimos dez anos e devem estar lecionando como professores-assistentes – a exemplo de Chalmers – estão se dizendo revoltados agora pelo mascaramento de todos aqueles tópicos que possivelmente ameaçariam o decoro do discurso academicamente correto. Alguns deles estão furiosos por terem sido (como escreve Chalmers):

> escravizados por um processo de profissionalização,
> Processo corporativo total,
> Cuja existência ela nunca havia imaginado
> Enquanto lia teorias sobre a subversão
> Nos tempos em que era estudante de pós-graduação.

Chalmers acha que sua geração sofre de um caso de desenvolvimento interrompido porque os mais velhos se furtaram à responsabilidade e não ousaram profissionalmente, de forma que lhes servissem de exemplos inspiradores. Esses rebeldes se recusam a se deixar levar por uma causa, a serem definidos por uma causa. Eles são hoje uma fonte de pesar e frustração para o grupo cujo progresso eles bloqueiam.

A questão das gerações é crucial. Temos de admitir o conflito entre as gerações no mundo acadêmico e a forma pela qual os mais velhos procuram controlar os mais jovens, de um modo que é objetivamente injusto, quando membros do corpo docente mais velho impõem aos colegas mais jovens padrões para suas publicações que eles próprios não satisfizeram nem poderiam satisfazer. Diante de tal situação, o que os mais velhos encorajam nos mais jovens é aquilo que Nietzsche chamou de "industriosidade cegamente furiosa". Se o processo de estabilidade fosse abolido e exigências uniformes de produtividade fossem impostas a todos, a justiça seria possível; mas agora temos uma situação obviamente injusta, na qual pessoas com poucas publicações estão na condição de cobrar de seus "colegas" mais jovens realizações das quais eles mesmos nunca foram capazes. Nietzsche viu isso como um dos vícios mais inveterados do intelectual moderno. A única justificativa que os mais velhos têm para proceder dessa forma é que eles podem agir assim, o que é de enlouquecer, uma vez que aumentar exigências não tem intrinsecamente nada a ver com pesquisa acadêmica.

Entramos na era da incomensurabilidade – como eu a rotulo. O presente é tudo o que importa, e o passado pode ser varrido. O passado é outro planeta. As figuras do passado só podem aparecer para nós como nossos contemporâneos com uma mentalidade que seja igual à nossa. Por exemplo, nos estudos literários, os acadêmicos hoje parecem ter dificuldade de imaginar que as motivações dos escritores que eles admiram poderiam ser mais ricas, profundas ou diferentes daquelas dos atuais luminares dos departamentos de Letras bem como que o trabalho deles pudesse ser mais do que "uma alegoria da vida profissional atual", como Jonathan Crewe disse – em outras palavras, gananciosos, míopes e intensamente competitivos. Quando o passado desaparece, tornamo-nos obscuros para nós mesmos. Não podemos nos permitir mais continuar assim.

Nossa época – como tantas outras antes desta – é marcada por uma contínua, brutal, mas não reconhecida guerra dos mais velhos contra os mais jovens. O historiador Harold R. Isaacs, que estudou a dinâmica das gerações na China de Mao, disse que a ênfase do Ocidente sobre histórias como a de Édipo nos cegaram (desculpem por isso) para o fato de que, se estudarmos a história humana, veremos que:

> a hostilidade dos pais em relação aos filhos (com base no medo da morte, de ser descartado) é muito mais visível que a hostilidade dos filhos em relação aos pais. Essa hostilidade dos pais é "a verdadeira peça central da experiência humana.

Em outras palavras, a peça principal não é Édipo matando seu pai, mas Cronos matando seus filhos. O parricídio dá lugar ao infanticídio. E, de fato, há evidências de uma conspiração mundial dos mais velhos contra os mais jovens, começando na década de 1960, quando Mao, Nixon, De Gaulle e Brejnev se deram conta de que tinham um inimigo comum. Eles criaram a "Détente" para poderem se dedicar a subjugar seus próprios filhos indisciplinados.

Como se manifesta a guerra entre as gerações? De duas maneiras sobrepostas: pela censura e pela defesa do *status quo*. Em nossos dias – uma época tão comprometida, para falar de forma superficial, com a juventude e a inovação –, tanto a censura quanto a defesa do *status quo* têm de se dissimular. A meu ver, o que realmente tem de ser buscado são as pessoas que posam de rebeldes. Vamos ver que a maior parte delas não tem uma causa. Se não têm uma causa, não são realmente rebeldes. De fato, tais pessoas podem ser as mais sutis mantenedoras do sistema. Elas são o *status quo*.

Uma nova e oculta forma de censura

A censura opera de formas misteriosas, como o processo de avaliação de submissões para publicação. Por que o aumento da demanda por produtividade acontece com uma aparente proibição de inovações? Poderia aquilo que é sentido como uma calmaria no mundo das idéias ser causado pelo modelo da superprodução em publicações, que fomenta um tipo de censura e a fuga apavorada do poder das idéias para quebrar a rotina? Ao tornarmos mais lenta a maquinaria da produção acadêmica, e a examinarmos mais de perto, creio que podemos começar a perguntar como declinaram e quase desapareceram o conteúdo do trabalho e do juízo acadêmicos, se eles são os elementos mais críticos de todo o processo.

Sei por experiência própria que a parte mais importante e delicada da prática editorial é a avaliação de manuscritos. Os limites daquilo que qualquer editor pode conhecer fazem dele um alvo de manipulações. Em meus primeiros meses nessa atividade, vi acadêmicos tentando me manipular – como se eu fosse apenas um código – para fortalecer suas próprias causas, como a antiga e venerável causa de desfechar uma vingança sobre seus inimigos (vocês sabem do que estou falando – os monges, cada um na garganta do outro, ou melhor, nas costas do outro). Muitos esperam subornar com favores as pessoas em posições como a minha. "Eu lhe darei a chance de publicar esta ótima série de conferências, se você concordar em publicar primeiro o meu próprio livro." Todo tipo de motivação humana aparece em primeiro plano de um modo astuto, ou não tão astuto, disfarçado por aqueles que se digladiam nessas pequenas arenas.

Analisando o passado, posso ver como as pessoas tentaram me manipular e como, às vezes, apesar de minha vigilância, conseguiram. É um dos perigos desta ocupação. Mas o que me interessa são outros assuntos.

Finalmente, os estudiosos estão se mostrando interessados na história da avaliação pelos pares. A avaliação pelos pares começou nos séculos XVI e XVII e tomou pelo menos duas formas. As primeiras casas de impressão tinham em seu pessoal "corretores" incumbidos de examinar os manuscritos que iam sendo compostos e de ajudar seus autores a revisá-los. As melhores casas de impressão tornaram-se melhores por terem corretores que ajudavam os autores a deixar seus livros mais bem acabados. O maior pesquisador da avaliação pelos pares (além de Anthony Grafton), conforme a atividade se desenvolveu no campo da ciência no início da era moderna, é Mario Biagioli. Ele sugere que a forma pela qual avaliamos livros e artigos hoje estimula a cautela e a autocensura de maneira muito parecida com a que ocorreu no início da época moderna, na Europa. A produtividade pode ser maior, se a medirmos apenas pela quantidade de páginas de escrita acadêmica produzidas, mas a inovação está em baixa. Em seu ensaio *From Book Censorship to Academic Peer Review*,[13] em que examina as academias européias do século XVII, Biagioli mostra como o processo de avaliação pelos pares nasceu dos mecanismos de censura de livros e rapidamente se instalou nos meandros da produção de valor acadêmico. Mas a questão mais perturbadora que Biagioli formula é se a avaliação pelos pares está ou não novamente fazendo censura.

---
13 Da censura de livros à avaliação acadêmica pelos pares. (N.T.)

Desse modo, é preciso sair dos paradigmas dominantes do momento para encontrar bons projetos e fazer boas avaliações deles. É possível fazer isso, mas requer muito esforço. Em raras ocasiões, um projeto é polêmico o suficiente para provocar uma avaliação que dramatiza para nossos colegas de conselho os prós e os contras de se publicar o livro. A carta que Roy Porter dirigiu a mim, avaliando o livro de Bruno Latour, *Science in Action* [Ciência em ação], para os membros do corpo editorial da editora da Universidade de Harvard, começava do seguinte modo:

> Imagine-se como um editor de 1759, confrontado com o manuscrito do *Candide* de Voltaire. Você correria o risco de publicá-lo ou o risco de perder algo que criaria grande alvoroço e excitação? Eu acho que você está de alguma forma nessa posição, pois o livro de Latour possui uma marca tipicamente voltairiana. Isto para falar do ângulo positivo... Por outro lado...

O relatório continuava por mais três páginas, em espaço simples. Alguma coisa a respeito do perfil retórico do manuscrito sob avaliação fez que o revisor sentisse que, ao exprimir o perfil intelectual e a seriedade do projeto, o corpo editorial poderia aprová-lo. Ele estava certo, mas se o conselho editorial fosse menos engajado e tivesse uma visão mais estreita, ele poderia estar errado. É na luta para proteger tais livros que realmente estou fazendo meu trabalho em favor da atividade acadêmica. É lá – no lugar que Latour estava explorando –, nas margens daquilo que pode ser conhecido, que as coisas se tornam realmente interessantes e obscuras. Mas se, como editor, você não agir assim, a tendência a censurar o inusual triunfará. Você também pode se tornar um comissário do sistema. Não se trata do tipo de censura pesada que se pode esperar na Oceania. Não é nem mesmo algum tipo de macarthismo, mas ainda assim é muito prejudicial, porque impõe restrições àquilo que pode contar como erudição acadêmica, e também procura impedir as pessoas de persiguirem determinadas linhas de pesquisa. É a censura que limita aquilo de que se pode falar, dizendo que o que conta como erudição acadêmica é o correspondente ao *status quo*.

Como esse sentido de obrigação é instilado nos jovens que se dedicam às humanidades? A forma pela qual a censura opera não é realmente tão oculta. O discurso geral de hoje nas universidades torna a defesa do *status quo* tão intragável que as pessoas propensas a defendê-lo têm de se disfarçar de inovadoras, e não se mostrar como inimigas da esperança, que realmente são. Mas não vamos mais fingir que todos estão interessados no livre desenvolvimento de idéias e na atividade acadêmica livre. Não vamos mais fingir que os acadêmicos são intelectuais. O discurso sobre os intelectuais públicos, tão forte na década de 1990, produzia confusões, especialmente para aqueles integrantes da academia que eram lisonjeados, fazendo-os se considerarem muito importantes. Poucos, mas muito poucos acadêmicos, ainda são intelectuais, sem falarmos em intelectuais públicos como Daniel Bell ou Mary McCarthy.

> A academia e o livre uso da inteligência, muito freqüentemente, estão entrelaçados, não como se as pessoas estivessem ombro a ombro, mas em combate mortal.

Há alguma coisa em instituições que adoram muros. De fato, há um tipo de conspiração – eu deveria chamá-la de "sinergia", não deveria? – que opera entre o sistema administrativo, que não quer ser incomodado com os detalhes da inovação ou do conteúdo, e aqueles que estão nos departamentos das universidades e são os inimigos da inovação. Não se trata de uma sinergia produtora de vida, mas, ao contrário, de cinismo, de um cinismo que só pára com a morte.

Estou exagerando? A sociedade contemporânea louva o inovador, mas ama realmente o conformismo. Hannah Arendt disse, sobre os Estados Unidos, que sua

> sociedade espera de cada um de seus membros um certo tipo de comportamento, impondo-lhes inumeráveis e diferentes regras, todas elas tendendo a "tornar normais" seus membros, a fazê-los se comportar, excluindo a ação espontânea ou as realizações importantes.

Mas, mesmo há 170 anos, Tocqueville notava o quanto muitos norte-americanos podem ser isentos de crítica a respeito de seu próprio comportamento. Kierkegaard, ao mesmo tempo, apontava a falta de autocrítica entre pessoas estudadas da Dinamarca: "Cada vez mais indivíduos, dada sua indolência passiva, almejarão ser absolutamente nada – para se tornarem parte do público". Em 1952, Solomon Asch escreveu o clássico estudo sobre a tendência generalizada dos indivíduos de seguirem o juízo do grupo, mesmo quando sabem que fazer isso é errado.

A esse respeito, as coisas não mudaram muito desde aquele tempo. Os anos 1960 fizeram todos se sentir rebeldes, mas não era nada disso. É triste que pessoas tão altamente informadas possam ser tão igualmente desprovidas do desejo de refletir sobre as coisas por si mesmas, como indivíduos. Denomino isso "síndrome do mar das lamentações". Uma vez que todos nós sabemos que estamos acima da média, vamos simplesmente deixar que as coisas sejam assim. Eu estou OK, você está OK. Não julgue para não ser julgado. É aqui que a relutância e a recusa em julgar esvaziam a coisa toda. Meu palpite é que pensamos algo mais ou menos assim: todos nós, que temos a imensa sorte de estar dentro deste sistema, sabemos que recebemos boas cartas nesta rodada; assim, simplesmente resolvemos ficar com essas cartas na mão e não jogar. Como Dylan cantava em 1997: "Alguns trens não carregam apostadores, ninguém vagando no meio da noite [*midnight ramblers*], como os trens faziam antes". E quando de fato fizeram isso, acabaram apenas voltando ao que eram antes.

Outra forma de propor a questão é: nós concordamos em fazer parte de uma percepção coletiva. Os adolescentes da década de 1960 ouviam aquelas canções dos Stones até não poderem mais; porém isso foi há muito tempo, e não se ouve mais falar daquele pessoal que vagava pela noite. E desde que os jogos de azar se tornaram legais, as pessoas não ficam mais vagando de aposta em aposta na vida. Este regime tem a vantagem de que nele ninguém perde. Pelo menos é assim que deve parecer. A razão pela qual não o deixamos ou não reclamamos é o medo, o medo do ridículo, o medo de perder alguma coisa. Essa é a época dos Últimos Homens, seres cínicos que – como diz Frances Fukuyama – colocam a "autopreservação acima de tudo". Na realidade, eles não têm nenhuma certeza de que haverá mesmo um amanhã e de que seus netos poderão de algum modo prosperar no mundo que eles construíram.

É como se os Últimos Homens realmente não acreditassem no que falam quando dizem que as idéias não têm conseqüências e novas idéias nunca vão aparecer.

E, assim, os Últimos Homens patrulham os departamentos de Letras para descobrir novas idéias e matá-las, antes que sejam divulgadas. "Julgarás a alguns pelas suas obras; a outros, pela sua má-sorte". Como há muito tempo escreveu Emerson: "A virtude mais requerida na sociedade é o conformismo. A autoconfiança é sua negação". Mais letal que a avaliação pelos pares é a pressão que eles exercem. "Você não vai receber os créditos daquela publicação quando surgir a oportunidade de uma promoção ou de um aumento". E mais: "Seria melhor você não atacar por escrito as idéias daquele membro mais velho de sua profissão, você, seu professorzinho assistente, se sabe o que é bom para a tosse". Esses são os tipos de pronunciamentos que ouço cada vez mais entre os professores mais jovens, e tais pronunciamentos, quando oriundos de chefes de departamentos, como ocorre em ambos os casos, servem como um forte desestímulo para quem quer perseguir linhas de pesquisa incomuns. Há muita censura antes que os projetos cheguem à mesa dos editores.

O problema: a timidez mascarada como audácia

O problema é que essas questões nunca são mencionadas porque foram banidas. Sem dúvida, esse é um problema perene no mundo acadêmico, e é por isso que os europeus alimentaram poucas expectativas quanto a inovações por parte das universidades. Mas – como meus amigos da China me fazem lembrar – os Estados Unidos são um país jovem, e suas tradições acadêmicas ainda não estão bem enraizadas.

Da forma pela qual a sociedade dos Estados Unidos está estruturada, a universidade é seu principal reduto intelectual. Não possuímos nenhuma *Grub Street*.[14] É basicamente impossível ter êxito nos Estados Unidos como jornalista *free lance*.

Assim, a universidade tornou-se uma das principais sementeiras da inovação. Os Estados Unidos enfrentarão agora um problema especial, se a inovação continuar a ser sufocada em nossas universidades, como parte da agenda neoliberal geral para acabar com todo desperdício da sociedade. A censura está enfim presente em todos os recantos da nossa sociedade, porém, é muito difícil de localizá-la e de entender como ela se espalha. Os "conservadores" que se tornaram revolucionários radicais, mas não sem o pequeno livro vermelho de Mao nas mãos, orgulham-se de nem sequer o terem lido, isto é, têm orgulho de seus livros mal lidos, como o faz o presidente Bush. Muitos livros, praticamente não lidos. E, assim, a habilidade inovadora dos estudiosos é esvaziada.

A época na qual estamos vivendo é como a dos Últimos Dias prometidos pela Bíblia, quando se tornará muito difícil diferenciar as coisas. E, assim, temos estudiosos proeminentes que eliminam questões problemáticas com uma certa ousadia, mas tal ousadia – insisto – encobre sua timidez. Os estudiosos que no momento atual posam como nossos mais ousados contemporâneos se reuniram na Universidade de Chicago para expor as esperanças estúpidas que tinham acalen-

---

14 Rua de Londres hoje denominada *Milton Street*, na qual, do século XIII até o início do século XIX, havia um ambiente cultural formado por escritores e jornalistas profissionais. (N.T.)

tado, quando eram mais jovens, de que quaisquer novas idéias que pudessem desenvolver mudariam a natureza da intelectualidade. Eles não se parecem com os revolucionários de antigamente, que se retrataram nos julgamentos de Moscou. Não, eles não se expõem à vergonha pública. Em lugar disso, exultam em sua apostasia. Irving Kristol é o modelo para Stanley Fish, não Trotski. Ele era um perdedor. Estes querem ser ganhadores.

O abandono da pesquisa crítica e a renúncia a esperanças ousadas de inovação são apresentados como o que é justamente mais inovador. Por isso, no momento atual, é difícil entender o que a erudição acadêmica realmente é. Mas sugiro que, se prestarmos atenção nos detalhes, poderemos ver como essa ousadia justifica abandonar aquilo que eu chamaria de o Juramento de Hipócrates das Humanidades, que obriga esses estudiosos a não desconsiderar suas idéias ou evidências quando contradizem as teorias, mas a enfrentá-las como o médico que não pode deixar nenhum doente sem tratamento. Vou me explicar melhor. Richard Rorty argumentou em favor de simplesmente ignorarmos a problemática noção filosófica da "consciência", que tem sido uma das idéias mais desconcertantes da filosofia desde Descartes. Palavras como "consciência", "experiência" e "verdade" tornaram-se uma fonte de forte constrangimento para a maior parte dos estudiosos das humanidades, ao longo dos últimos trinta anos. John McDowell comenta que pôr de lado palavras e idéias que não se quer levar em consideração parece:

> surpreendentemente ousado. Mas, por outro ângulo, ao evitar tal vocabulário, Rorty revela certa timidez em sua

conduta, quando a comparamos com tornar seguras para nosso uso ferramentas que são reconhecidamente perigosas. A timidez não é algo de que devamos nos orgulhar.

Mesmo a ousadia mais agressiva é acompanhada de uma certa timidez hipócrita, quando seus praticantes são os acadêmicos. Como argumenta McDowell, acadêmicos como Rorty se dão ao trabalho de eliminar de um modo ostentoso aquilo que a muitos outros pensadores parecem ser questões altamente relevantes, como a da "consciência" na filosofia moderna. Receio que a academia tenha-se tornado muito parecida com o "mundo real". Os professores não são mais uma espécie diferente – mendicantes e ascetas, gente com os olhos postos em outros mundos. São personagens astutos e maliciosos. E, assim, vemos no reino acadêmico um espetáculo tão pouco edificante quanto o que testemunhamos na política, quando um conjunto de legisladores republicanos expôs ao ridículo Bill Clinton por sua falta de respeito a seus próprios votos matrimoniais, o que teve como conseqüência que alguns deles fossem revelados como homens que se haviam extraviado do que é certo e rigoroso para cair nos braços de mulheres que não eram sua esposa. Cuidado, falsos profetas; cuidado até mesmo com o que lhes digo.

Contra esse embuste, reafirmo o valor de voltarmos ao que Nietzsche chamou de filologia, isto é, o respeito pelas palavras que realmente estão na página da qual o intérprete saltou para as suas próprias conclusões. O mesmo sentimento poderia sobrevir aos leitores de escritos acadêmicos como os de Stanley Fish sobre o *Areopagitica* de Milton, uma interpretação que vai além do que poderia ser chamado uma cínica manipulação do objeto da pesquisa humanística para a profanação de livros sagrados no campo dos estudos literários. Em outras palavras, iconoclastia. Em *How Milton Works* [Como Milton funciona], um livro explicitamente escrito para fazer parecer desnecessária toda futura pesquisa erudita sobre Milton – porque Fish alega ter abordado cada uma das questões que poderiam eventualmente ocorrer a futuros leitores e estudiosos e, assim, possibilitado para os estudos sobre Milton chegar ao fim –, ele consagra um capítulo ao trabalho de Milton, considerado pelos leitores ao longo de séculos o maior argumento contra a censura e a favor da liberdade de publicar e um tributo ao poder dos livros de mudar a vida das pessoas. Milton disse:

> Os livros não são absolutamente coisas mortas, mas têm uma potência vital em si mesmos que pode ser tão ativa quanto aquele espírito do qual eles são filhos; e não apenas isso: eles preservam, como em um frasco selado, a mais pura eficácia e essência daquele intelecto vivo que os gerou.

Assim disse Milton. Errado em todos os aspectos, diz Fish. O que me interessa é a ousadia do gesto com o qual Fish elimina o que gerações de leitores consideraram a idéia central de Milton. No início de suas considerações sobre o *Areopagitica*, Fish cita as santas palavras de Milton – que nos dá o equivalente ao Gettysburg Address[15] em defesa dos livros – e rejeita sua relevância para o entendimento do que Milton está querendo dizer. O que moveu o presidente Lincoln

---

15 O famoso discurso proferido na cidade de Gettysburg, na Pensilvânia, pelo presidente norte-americano Abraham Lincoln, em 19 de novembro de 1863, em homenagem aos soldados que lutavam na Guerra Civil americana. (N.T.)

foram os soldados mortos; o que moveu Milton foram as letras mortas. Ambos acharam que os mortos estavam vivos. Mas Fish declara que o pronunciamento de Milton é "não-miltoniano" e o coloca na lata de lixo da história. Isso parece muito ousado, emocionante. Todos nós gostamos de ouvir e ler passagens como essa. Como disse Philip Larkin, gostamos de ouvir pessoas que parecem agir de modo audacioso, purificador e fundamental. Elas têm a aura daquelas falas dos filmes: "Engula isso, seu filho da mãe!". Mas acho que tal ousadia mascara certa timidez, porque uma análise dos parágrafos rejeitados teria criado problemas insolúveis para a interpretação que o estudioso quer impor ao tratado de Milton. Ao lermos essas palavras de Fish, perdemos o fôlego e até engasgamos, mas, então, o que fazemos, concordamos? E se o "filho da mãe" que está levando o tiro bem no meio dos olhos for John Milton? De fato, os estudiosos de Milton na América do Norte acataram essa demonstração de extrema autoconfiança; e, desse modo, a timidez gerou mais timidez, na esteira do gesto de uma autoridade. O que Milton fez para merecer esses maus-tratos? Acho que o problema é que ele colocou em um objeto a fonte de valor para os seres humanos. Nosso estudioso das humanidades pós-moderno não pode suportar ser respeitoso com uma mera coisa.

Aqui, entendo que o cinismo pós-moderno se transforma em iconoclastia, ou "biblioclastia". A filologia e o respeito pelas palavras reais do autor foram colocados de lado. Se Foucault proclamava a morte do autor, Fish representa a morte do livro. Como um protestante radical na Inglaterra do século XVII, Fish acredita que o interesse humano por qualquer coisa diferente de sua própria alma é idolatria; portanto, é imperativo para todo bom cristão despedaçar os ídolos. Que estranhos companheiros, Foucault e Fish, vocês poderiam dizer! Para Fish, procedimento e coerção andam juntos como o cavalo e a carruagem. Durante parte de sua carreira, Foucault entendeu a resistência como mero efeito do poder. A razão é força. Disciplinar é punir. Quando misturamos Foucault com Fish, como aconteceu ao longo das décadas de 1980 e 1990, em listas de leituras e em cursos, eles resultam em um coquetel mortal que é uma teoria completamente elaborada de por que o conformismo se tornou tão atraente como estilo de comportamento. O espírito do conformismo conferiu às produções acadêmicas dessa época um aspecto de claustrofobia.

E, assim, muitos acabaram acreditando que o livro está morto como uma coisa cujos conteúdo e forma podem não se coadunar com a vontade do leitor culto. Essa atitude arrojada em relação ao texto traduz uma ameaça letal para o livro, como fazem os administradores devoradores de números ou os bibliotecários que querem limpar suas prateleiras de material impresso. Em outros lugares, Fish exortou os estudantes a não ler mais livros além dos que já tivessem lido, porque "já estão de posse" de tudo aquilo de que vão precisar saber. Ele não está de forma alguma comprometido com o sistema de acrescentar cada vez mais publicações pela seguinte razão: nenhum livro faz diferença alguma. Essa atitude de indiferença com relação ao conteúdo dos livros parece ser a crença fundamental dos novos administradores da universidade.

> Poucas coisas contribuíram tanto para a desumanização, [diz Adorno em *Prisms*], como a crença humana universal

de que os produtos da mente estão justificados apenas até o ponto em que existem para os homens.

Para Fish, livros são "coisas que não fazem diferença"; e ele acha que Milton merece o mesmo tratamento. Talvez devamos ter a dúbia honra – que os detratores legalistas de Milton nunca tiveram – de o termos eliminado! Será que algum dia vamos acordar deste pesadelo, no qual vemos Milton tão vivo quanto você ou eu, nos acusando de o termos levado à morte?

Essa é a erudição produzida conforme o espírito dos Últimos Homens, como Frances Fukuyama descreveu tal espécie. E, assim, espalhamos à nossa volta o apodrecimento das obras literárias que agora, graças a tais estudos, viraram uma grande ruína. E, de fato, prevalece agora nos estudos literários o sentimento de que estamos vivendo na época dos estudiosos que chegaram às últimas coisas, escrevendo o último livro sobre Jane Austen ou sobre a obra de qualquer outro escritor, de tal forma que, depois do aparecimento desse trabalho acadêmico dos Últimos Homens, todos os recém-chegados devem desistir. A palavra de ordem pregada na porta dessa academia seria mais bem entendida se fosse assim: *Lasciate ogni speranza voi ch'entrate* [Renuncie a toda esperança, você que entra].* Não admira que o jovem que aspira a uma carreira acadêmica não se arrisque ou esteja abandonando o barco.

Aqui, chegamos à parte fundamental do problema sobre o qual Catherine Crier falava em sua análise do que aflige os Estados Unidos em decorrência da revolução administrativa. Ela disse que o problema era

---

* Frase de "O inferno", de Dante. (N.E.)

mais com os administrados do que com os administradores. Gente demais neste país gosta de ser dirigida, e os acadêmicos estão malucos se pensam que estão isentos dessa atitude presente em toda parte, no próprio centro de nossa vida. Eles estão certos de que nunca aceitarão as forças autoritárias do modo como fazem as "vacas de presépio" de Rush Limbaugh. Mas isso não é verdade. Ora, se queremos falar sobre as idéias com conseqüências, as teorias fortes, então consideremos os efeitos da teoria política de Leo Strauss, Alexandre Kojève e Allan Bloom. Todas elas são fundamentais para as ideologias das forças dirigentes nos Estados Unidos. E é fundamental para Kojève a idéia de que a teoria de Hegel sobre a relação entre senhor e escravo explica muito da sociedade moderna. Quando endossamos as distorções do fato filosófico, da forma como Rorty e Fish nos pedem para fazer, nós nos tornamos escravos. Nada é mais prejudicial para a vida da mente que tal cegueira auto-imposta.

O que vimos aumentar muito durante os últimos trinta anos nas humanidades é o triunfo da doutrina do "não mexa nisso". Rorty elimina a "consciência" ou a "verdade" de nossas considerações; para Fish, trata-se das próprias palavras que Milton emprega ou da teoria literária e da filosofia. Mas essa doutrina viola o Juramento de Hipócrates, que nos diz: "Você deve mexer nisso", exatamente ali onde não quer mexer. Assim como o médico não tem escolha a não ser dar atenção à pessoa doente, da mesma forma o estudioso das humanidades não tem escolha a não ser dar atenção ao que ameaça sua teoria. Alegar que rejeitamos toda teorização por uma questão de princípio não é um álibi aceitável.

E, dessa forma, um profissionalismo de mente estreita é o que está dirigindo a cena toda, porque o Deus das Mentes Estreitas adora a inteligência intermitente adepta do auto-elogio da própria timidez diante de idéias perigosas, ao dizer para si mesma que as idéias não têm nenhuma conseqüência. Tudo isso resulta a defesa do *status quo*. Temos de conceder aos capitães da indústria acadêmica o seguinte: eles não escondem sua animosidade em relação às idéias, ao que é estrangeiro, ao que é novo, às mudanças. Como – vocês perguntam – um estudioso poderia ser contrário a idéias? Bem recentemente, Fish argumentou que, uma vez que a filosofia trata de generalidades e a literatura lida com particularidades, por definição, os dois campos não podem ter nada a ver um com o outro. "Você não pode passar de um para o outro", diz ele. Mas possuir teorias é a condição para conhecermos as coisas. Basicamente é isso. Diz Quine: "Vejo todos os objetos como teóricos ... Mesmo nossos objetos primordiais, os corpos, já são teóricos". Wordsworth pensava do mesmo modo.

Deslizando para o negativismo

Estas últimas décadas (desde a morte de Martin Luther King Jr., desde a crise do petróleo, desde a "reaganomia",[16] desde Thatcher) levaram as humanidades a um estado de quase invencível melancolia e negativismo. Nos estudos literários, boa parte desse negativismo se transformou em ataque às teorias. Em

---
16 Referência ao tipo de política econômica empreendida desde o primeiro governo Reagan. (N.T.)

longa série de ensaios, Stanley Fish, por exemplo, procurou matar – e chegou até a dizer que tinha mesmo matado – a "Esperança de Teoria".

Aqui vou recomendar-lhes o ensaio de Fish chamado *Consequences* [Conseqüências]. Aqueles que se opõem a novas idéias, como ele, definem a busca por elas de uma forma que convém à sua própria vontade de poder, mas essa forma não é a que permitiria à maioria dos teóricos entender o que eles estão fazendo. Uma vez que Fish e outros querem caracterizar a teoria como um projeto impossível, aquilo a que eles se referem como teoria não tem nada em comum com a idéia de Kant, de que a teoria é o que vem à tona quando nossas formas de construir o mundo se chocam contra o mundo. Fish, no papel de um Dirty Harry ou do *Exterminador do futuro* cria uma versão enfraquecida da teoria e a queima na fogueira. Se esse tipo de polêmica tivesse sido conduzida por meu clube de debates no ensino médio, realmente teria sido bem divertido. Apesar do que Fish diz, a teoria existe na fronteira entre a mente e o mundo, e essa linha está sempre mudando. A esperança de uma teoria é a esperança de que alguma coisa nova entrará em cena e de que vamos encontrar as palavras para descrevê-la. Escolher a teoria é escolher a vida em detrimento da morte e em lugar dela. Fish gaba-se de que sua pequena operação de desconstrução demoliu a teoria. Ele afirma que, depois de sua competente demolição, deve estar claro que "aquilo de que a teoria foi privada, agora, é a possibilidade de ter quaisquer conseqüências que sejam, e ela enfim transparece como o brinquedinho inútil" que de fato é. Mas o máximo que ele conseguiu revelar foram os mecanismos da vontade de poder que claramente desconsidera os objetivos do entendimento.

Isso é bom para o recinto de um tribunal ou para as quadras de basquete, mas não para a universidade.

Creio que Fish realmente tentou matar não simplesmente a teoria, mas a juventude acadêmica que a explora e espera que a teoria, ou alguma outra coisa que possamos considerar *como se fosse pela primeira vez*, pudesse fazer *alguma* diferença. Ele não é tão avesso à teoria quanto à própria possibilidade de algo ter conseqüências, à idéia de que *alguma coisa* possa fazer diferença em nossa vida. Aqui, um tipo de religião fundamentalista transforma-se em sofística cínica, como tão freqüentemente acontece no mercado norte-americano, onde o pregador religioso e o negociante peçonhento de petróleo compartilham a mesma plataforma e, inclusive, o mesmo corpo. É justamente esse tipo de aliança que produz a química necessária para dissolver, esvaziar e debilitar as humanidades.

A guerra contra os mais jovens e contra o novo poderia usar como sua palavra de ordem a expressão "seja medíocre". As tentativas de se igualar aos deuses da profissão ou de fugir deles estão condenadas. Assim se diz. A energia que as pessoas sentem quando são jovens é maravilhosa, porém ela precisa ser dissipada porque, mesmo sendo versátil, é ilusória. Se os mais jovens acharem que Fish e os de sua espécie desencorajadores (e podem acreditar em mim, alguns o são), isso não é um erro, e é isso o que tais profissionais "experientes" querem transmitir aos jovens – "para seu próprio bem", assim dizem. Um jovem escreveu em 1913:

> Cada vez mais somos assaltados pelo seguinte sentimento: nossa juventude é nada mais que uma noite passageira ... [que] será seguida pela grande "experiência", os anos de compromisso, de empobrecimento das idéias, de falta de energia. Assim é a vida. É isso o que nos dizem os

adultos, e foi isso que eles viveram ... O filisteu tem sua própria "experiência"; a eterna experiência da falta de espírito.

Esse jovem era Walter Benjamin. E um outro disse, em 1965:

> Eles dizem para cantarmos enquanto trabalhamos como escravos e eu simplesmente me enchi disso.

Esse era Bob Dylan.

Tanto Fish quanto Rorty representam a tendência dominante em direção ao negativismo na academia ao longo dos últimos trinta anos, e o posicionamento contra a teoria destaca-se neles mais que qualquer outra coisa. A idéia que agora domina a academia é a de evitar as idéias. A coisa mais arrasadoramente humilhante que temos é alguém ser um pensador do "Quadro Maior". Grandes idéias e grandes narrativas de libertação – tudo isso está ultrapassado agora. Andrew Abbott diz: "A teoria e o método têm muito pouco a ver um com o outro na disciplina [sociologia] hoje". E esse é o campo de estudos de Max Weber, Theodor Adorno e Talcott Parsons!

O negócio é reduzir o papel do indivíduo a nada. Nossa ortodoxia no poder pede a erradicação sistemática do indivíduo, seja ele um acadêmico, seja um homem comum. Fish é explícito a respeito da rejeição do indivíduo (assim como Rorty). Fish explica a pedagogia a que ele nos exorta da seguinte maneira:

> Os estudantes são treinados primeiro a reconhecer e então a "descontar" tudo o que for único e pessoal em sua resposta [a obras de arte], de modo que não haja nada entre eles e o exercício do controle do texto.

Minha preocupação real é o efeito de tal comportamento sobre os jovens. Posso compreender que o efeito sobre os mais velhos e sobre aqueles que estão ficando mais velhos tem sido destrutivo, mas qual será o efeito sobre as gerações futuras? Uma forma de entender nossa difícil situação consiste em dizer que gente como Fish ou Rorty argumenta que não haverá qualquer mudança de paradigma. Não haverá tempo algum para uma ciência revolucionária. O que eles estão dizendo é, de fato, mais destrutivo ainda do ponto de vista psicológico, porque o que eles estão dizendo é que se qualquer um de nós, por acaso, um dia, pensar que tem a compreensão de determinada idéia ou fato novo estará apenas se enganando, e é preciso pôr fim a todo impulso desse tipo. Esses Últimos Homens desejam eliminar os sujeitos, não esclarecê-los; desejam ter a última palavra, não a primeira. Eles, "ao contrário, estariam presentes ao funeral, e não ao nascimento", segundo as palavras de Greil Marcus. Como o humorista Frederick Crews diz de tais pessoas, elas acreditam que o trabalho dos estudiosos das humanidades é apenas o de perpetuar publicações insignificantes:

> de tal forma que as editoras continuem a funcionar e todos nós (bem, a maioria de nós) possamos conservar nosso emprego e continuar dando palestras.

Não nos preocupemos com grandes questões, questões teóricas, questões que nos façam ultrapassar os limites de nossa própria disciplina. Não! Devemos pensar pequeno. Como Derrida diria: *Il n'y a pas de hors-boîte*.[17] Como Pope uma vez colocou na boca de um de seus personagens, em *The Dunciad* [A denúncia]: "Aprendam apenas a insignificar".

A universidade moderna organiza o conhecimento atual em disciplinas separadas, em comunidades cir-

---
17 Não há mais nada além. (N.T.)

cunscritas por sólidas divisórias, como se isso fosse tão inevitável e natural quanto as categorias da propaganda dirigida aos nichos de mercado. O profissional rigidamente especializado, que se tornou a norma, não é um intelectual que lê de tudo, na esperança de poder topar com um livro que vá mudar sua vida. Em suas leituras e escritos, esse estudioso moderno sabe que o melhor a fazer – como o editor William Germano aconselhava aos autores de livros em um ensaio para *The Chronicle of Higher Education* – é "pensar dentro dos limites dados". Contenha o entusiasmo! Há cinqüenta anos, e mesmo mais recentemente, há trinta anos, os estudiosos achavam que era uma virtude ser lido amplamente fora de seu próprio campo. Isso não é mais assim. Grande parte da inovação que teve lugar então ocorreu porque as pessoas testavam idéias que provinham de um campo de estudos diferente do seu. Elas cometeram erros, é claro, mas havia então tolerância com a experimentação, atualmente inaceitável em nossa era mais profissionalizada. Agora aceitamos a idéia de que cada campo permanece separado, e o profissional tem pouco a ganhar com a promiscuidade intelectual.

De fato, esses últimos trinta anos foram nosso Cativeiro da Babilônia, mas já é tempo de escaparmos dele. Por diversas vezes, Fish proclamou que todos nós, no domínio dos estudos literários, somos parte de um sistema que prescreve desde o início o que podemos saber e pensar. O modo de vida do profissional é sua própria justificação, diz Fish:

> A pressão da vida profissional conduz à proliferação de trabalhos (projetos de pesquisa, publicações etc.) que não possuem qualquer justificação além dos artificiais requisitos de um carreirismo vazio e que só serve a si mesmo.

Qual é o nosso problema com relação a isso? Gostaríamos de professores de literatura que lessem coisas fora de seu campo? Isso seria bom, mas não essencial, e provavelmente prejudicaria a carreira deles. De fato, parece que, para Fish e seus seguidores, nada seria mais censurável em um bom acadêmico que ter curiosidade, perseguir ilusões e caçar fantasmas. Curiosidade é matar gatos e é algo que pode nos matar. Com certeza, não vai nos deixar ter estabilidade. O bom profissionalismo é marcado por uma virtude delimitada e enclausurada. Se acharmos que o acadêmico deve ser um intelectual, simplesmente estaremos errados. O bom e comportado acadêmico dedica-se a um domínio restrito, e não presta atenção ao que mais esteja acontecendo no reino das idéias e das artes. Diz Fish:

> É perfeitamente possível para alguém completamente ignorante [sobre outros campos] agir de forma inteiramente bem-sucedida [em seu próprio campo].

O jovem que espera aprender alguma nova teoria ou ler algum livro novo que lhe vá despertar algum novo pensamento está errado, errado e errado mais uma vez. A teoria não pode ter nenhuma conseqüência porque qualquer questão que possa surgir nos estudos literários já foi concebida por nossos predecessores. Fish, mais uma vez: "A teoria é um projeto impossível, que nunca será bem-sucedido".

Por que, apesar de tudo, os livros ainda têm importância

Podem então me chamar de idólatra. Acredito que os livros podem nos transformar, que, em si, os melhores deles têm a capacidade de interagir conosco de maneiras que trazem à vida coisas novas. Mas temos de deixar que eles nos atinjam. As palavras e os livros para nossos pragmáticos são massa de modelar – coisas maleáveis para usarmos com o propósito maior de dominar as pessoas. O objetivo é o triunfo da vontade sobre tudo. O maior teórico da leitura no século XX foi Marcel Proust, cuja idéia sobre o quanto a leitura desencadeia a atividade de nossa memória involuntária inspirou a crítica de Walter Benjamin, Paul de Man e Edward Said, entre outros. Para os pragmáticos, as leituras críticas dão-nos oportunidade de afirmar a vontade de alguém sobre textos e seres humanos, mas Proust encoraja uma leitura que se desenvolva sem que a vontade humana domine. Contra nossos pragmáticos e sua convicção de que nada de novo poderá surgir da pesquisa universitária, eu invoco o antigo estudioso cristão das humanidades, Santo Agostinho, cujo lema era *Tolle, lege*, isto é, pegue o livro e leia. Santo Agostinho opõe-se a nossos contemporâneos que tiram do livro qualquer importância ou conteúdo, porque ele acreditava que um objeto – um livro, um filme, uma canção, qualquer artefato fora do corpo – podia levar a uma interação que muda a alma. A triste verdade, contudo, é que muitos professores hoje acreditam que o melhor que as obras de arte podem fazer é ser utilizadas como meio de ensinar moral – elas podem ser como as tábuas nas quais Deus inscreveu os Dez Mandamentos –, mas não mudar nossa vida de um jeito que não pudesse ter sido predito ou até mesmo inaugurar uma nova vida para nós.

Certamente, uma pessoa religiosa como Santo Agostinho, cujas *Confissões* são um registro de tentativas, erros e tropeços – para não dizermos, de pecados –, não é um modelo do acadêmico moderno mais comum. Ele é ansioso demais em mostrar como sua vida revela um padrão de cegueira misturado com uma compreensão fugaz. Pior que tudo, ele tem uma convicção forte demais de que os livros têm uma relação com a vida. Ler a biografia de Atanásio fez Agostinho redirecionar sua vida. Isso se parece muito com um outro pensador indisciplinado: Montaigne. Gente demais acredita hoje que o trabalho intelectual diz respeito apenas a postos e promoções.

Para revitalizar as humanidades, deveríamos parar de insistir que elas podem ser mantidas em reinos selados de modo anti-séptico e deixar que as idéias, os métodos e os materiais invadam uns aos outros e a nós mesmos. Durante os últimos trinta anos, à medida que "correção" se tornou cada vez mais a palavra-chave, o segredo do comportamento é aprender a mostrar aos outros que pertencemos a um grupo definido, como um grupo profissional. Que indícios provam que pertencemos a um grupo que nos confere identidade? Abandonamos a aprendizagem como um valor em si em nome da busca por credenciais. Essa mudança de valores foi dura para a educação que, para ser atrativa, deve seduzir pessoas que não sabem o que as instituições educacionais têm a oferecer, mas esperam que, ao se lançarem no processo educativo, vão transformar aspectos delas mesmas. Cada vez mais, os educadores demonizam a falta de conhecimento. Isso é muito desanimador para quem vem de um lar no qual o aprendizado pelos livros não é um valor muito alto. Muito estranhamente, há pouquíssima romantização do papel do estudante – e nada daquela atitude de "Vinde a mim as criancinhas" –; apenas uma sóbria avaliação do valor econômico de ter sido educado. Jogaram pela janela a idéia de que aquele que ainda não foi educado, o estudante, não tem nada a ensinar aos professores enquanto se entusiasma durante o processo de lidar com obras de arte pela primeira vez. Ser educado é ter um conjunto de posses, as chaves da torre na qual uma elite profissional se mantém trancada. Assim, não é surpresa que os livros tenham ficado sem conteúdo e tenham-se tornado um ícone de prestígio. É chegado o momento da reforma.

Erudição e silêncio

Contrastemos o som do choro de um recém-nascido – a música mais doce que há sobre a terra – com a cacofonia e o barulho dos homens (e aqui se trata, sobretudo, de homens) lutando pelo poder e encorajando os jovens a publicar qualquer coisa, não importando o quê, desde que isso lhes permita triunfar sobre seus irmãos. Passamos por uma era *Dunciad*,[18] um tempo de superproduções, no qual os sons param de fazer sentido. Precisamos voltar às questões mais fundamentais.

Este não é um tempo para medidas provisórias que nos permitam "manter nossos padrões". Steven Greenblatt propôs que os departamentos de Letras providenciassem fundos para subsidiar os estudantes de pós-graduação na compra de livros, de modo que eles "se viciem em livros" e formem pequenas bibliotecas próprias. Os curativos pré-fabricados não detêm as hemorragias. É tempo de perguntarmos para que serve a erudição e – sugiro com convicção – mudarmos nossos padrões. O que temos é um sistema com pouco ou nenhum espaço para ações individuais por parte dos membros de departamentos, ou dos livros

---

[18] Referência ao livro de Alexander Pope, já mencionado. (N.T.)

que eles possam escrever. Quando apresentei este ensaio como palestra em diferentes universidades, diversas vezes me atacaram ferozmente dizendo que eu não entendo o sistema e deveria "deixar o barco me levar". Como eu podia ser tão "retrógrado", perguntou tremendo um pesquisador experiente, roxo e espumando de raiva, para falar de responsabilidade individual no julgamento das coisas?

Enquanto aceitarmos esse sistema, permaneceremos dentro da baleia. A liberdade virá quando abandonarmos a necessidade de controle, a necessidade de estarmos tão completamente no controle do que pode ser conhecido, e abraçarmos a ignorância. Devemos estar dispostos a nos enganar, a estarmos errados na pesquisa científica e nas humanidades.

Quando examinamos mais atentamente os problemas anunciados pela crise da monografia, acredito que temos de formular as questões mais fundamentais. Do modo como acadêmicos do porte de Anthony Grafton, Elizabeth Eisenstein e Marshall McLuhan nos ajudaram a fazer, temos de perguntar qual é a relação entre pensamento, erudição e publicação. Por que presumimos – sim, presumimos – que haja uma correlação entre a loquacidade e o exercício da inteligência que convém a um professor?

Acho necessário ponderar sobre a relação entre erudição e silêncio. É possível ser um grande pensador e não publicar nada. Heidegger apontou que Sócrates "não escreveu nada". Como eruditos, sabemos que, às vezes, podemos estudar atentamente durante anos um corpo de informações, tendo em mente apenas uma hipótese, e não apresentar nenhum resultado; a coisa certa a fazer, então, é admitir que uma pesquisa séria levou alguém a concluir que não há nada a dizer.

É claro que Platão estava lá para captar o que Sócrates disse. Muito mais importante que notar a contradição entre o desconforto de Sócrates com a escrita, e o fato de que ele tinha um escriba de alto nível em Platão, porém, é notar o caso da filosofia, como a conhecemos e pensamos a seu respeito no Ocidente, surgida entre pessoas que sentiam agudamente a tensão entre falar e escrever. Essa é a linha divisória na qual o atrito entre dois diferentes modos de inteligência se revelou, justamente o que era preciso para o surgimento da filosofia.

Em nossa fúria escolástica para empanturrar as bibliotecas até que explodam de publicações, algo se perdeu. E o que fazemos agora, quando cada vez mais as bibliotecas não compram livros e eles não são lidos, nem avaliados, mas apenas contados? Aqui há um silêncio ensurdecedor, mas estou interessado no silêncio prenhe, daquele tipo que começa no final do *Tractatus*, de Wittgenstein. Está bem, e poderia mesmo ser admirável, não produzir nada quando alguém decide que isso é apropriado. Mas apenas consideremos, como Eli Friedlander sugere, que "o oposto do silêncio não é necessariamente falar e fazer sentido, mas, em vez disso, fazer barulho". Ora, no mundo acadêmico, o que temos é uma cacofonia; e o que deveríamos procurar é a simetria dos estudiosos interessados em ler e em apreender com cuidado o que seus colegas estão produzindo. Alguns sugeriram que as novas possibilidades de publicações eletrônicas vão aliviar nossos problemas. Nas idéias malucas de alguns sonhadores, o novo mundo das publicações eletrônicas realmente será um progresso em relação aos livros. Pensar assim é deixar de entender que a publicação eletrônica apenas vai piorar a situação. Além disso, vai piorar as coisas a ponto de privar de vida os princípios por trás da cultura do livro. É melhor darmos um basta a este discurso tolo e manter a pressão sobre os bibliotecários, e sobre nós mesmos, para valorizarmos mais o livro.

Para os que o imaginaram, o livro eletrônico é precisamente uma recusa do tipo de responsabilidade que necessitamos desenvolver agora, e a qual torna impossível o ato de julgar que afirmei ser fundamental para todo o processo. Tal como o historiador Robert Darnton pensou, a grande vantagem da publicação eletrônica é que ela nos permitiria "despejar um número ilimitado de dissertações na *web*". A *web* permite um acesso sem precedentes. Isso me parece um equívoco, mas ainda esperamos os resultados do projeto da AHA,[19] para a qual Darnton é consultor, em que são publicadas on-line dissertações premiadas. Não está de forma alguma claro que a *web* seja um bom meio para as palavras. Ela é boa para pornografia porque, como todas as formas eletrônicas de reprodução, realiza um belo trabalho de salientar gestos, da mesma forma como o aceno reiterado em *Triunfo da vontade*, de Leni Riefenstahl, transforma aqueles seres humanos em meros ornamentos da vontade do líder. Os que fazem livros, ao contrário, costumavam ter de fazer isso como indivíduos situados fora da coletividade. Explicando: no cerne mesmo da atividade de se fazer um livro está a coleta, a tentativa de reunir materiais em um pacote ou uma unidade que a pessoa ou o grupo de pessoas que o fazem em conjunto estão preparadas para avaliar. Isso é verdade, seja ele um livro de sonetos, escrito por uma pessoa, ou um texto sagrado como a Bíblia, cuja unidade foi o resultado de decisões tomadas em grupo.

---
19 Projeto da *American Historical Association*. (N.T.)

O livro é uma forma particular, possibilitada pelo desenvolvimento do códice. É um objeto particularmente apropriado para a biblioteca, porque, assim como uma biblioteca, ele nos permite deslizar para diante ou saltar para trás. E ele cresceu. Ele pesa. Ele tem o que os reitores gostam em uma publicação: fazer barulho quando é jogado em uma mesa. Podemos nele escrever, mas, em sua essência, é o juízo que alguém ou algum grupo fez que lhe permitiu ter uma unidade, e é essa unidade que os leitores do livro são convidados a julgar. Sempre começamos um novo livro com a seguinte questão: o que unifica os materiais que o autor reuniu nele? Os livros mais sagazes permitem-nos adivinhar, e é por isso que gostamos dos romances concebidos com engenhosidade, nos quais o autor nos mantém em suspense. Benjamin insiste que o romance escrito é uma coisa diferente do relato oral, mas não tenho tanta certeza disso. Há uma simetria absoluta entre o que o livro é enquanto está sendo produzido e aquilo que é quando está sendo recebido – reunido –, e é essa simetria que dá aos livros sua beleza especial. Se a vida de um estudioso é um chamado, uma vocação, ela é análoga ao chamado que um livro nos faz para lê-lo e julgá-lo. Um livro não é um amontoado de coisas, e nunca o será. O livro emerge do silêncio, não da cacofonia. O livro representa o sinal mais alto possível na escala de ruídos de qualquer meio de comunicação.

Durante anos, fiquei intrigado com os estudiosos que não querem publicar, que praticamente sequer falam sobre o que sabem. "A pessoa deve falar apenas quando não deve ficar em silêncio", disse Nietzche em *Humano, demasiado humano*. Eu tento ouvir nas hesitações, na maneira de falar da pessoa, aquilo que sugere que ela está guardando alguma coisa que precisa vir à tona. Tento, o máximo possível, ser como Sam Phillips escutando Elvis e tentando cantarolar algo com sentido. Alguns têm medo de falar por causa do risco de serem ridículos. Alguns são tímidos, mas não da forma como Fish é tímido. Talvez esses poucos possam ser tímidos ou modestos diante das grandes questões cuja complexidade eles realmente enxergam. Alguns se tornam simplesmente aterrados diante de toda a profusão, e não querem contribuir para aumentar esse excesso. Eles vêem que o que realmente tem valor provavelmente será ignorado. Os verdadeiros inovadores são os mais propensos a sofrer crises epistemológicas, porque vagaram por lugares onde não há outros viajantes. Essas pessoas podem dedicar muitos dias de sua vida tentando ser como exploradores que querem chegar a um dos Pólos, mas incertos disso porque a neve obscurece o céu e torna impossível uma localização exata. A história nos dá exemplos abundantes de pensadores realmente ousados sofrendo resistência. Lembremos que mesmo o ousado Picasso escondeu seu *Demoiselles d'Avignon* por seis anos depois de o ter pintado, não desejando enfrentar o opróbrio. Temos de saber quando é preciso esconder as coisas, e quando é tempo de mostrá-las. Ter a noção do momento certo é tudo.

Em nosso momento de alto escolasticismo, cada vez menos escolas vão tolerar esse tipo de independência em relação às normas cada vez mais rígidas para as publicações. É como se as escolas estivessem dizendo implicitamente que, para conseguir a estabilidade, temos de provar que não somos mentes independentes, que nos submetemos às regras e aos objetivos da alta produtividade. Mas uma coisa a fazer é exercer pressão em relação aos livros, exigindo que tenham mais conteúdo, antes de serem aceitos e publicados. Estamos cansados dos hambúrgueres do McDonald's. Queremos algo que leve tempo para cozinhar. Penso que podemos fazer mais pressão sobre os editores, para que encontrem os livros importantes que algumas das pessoas que não querem romper o silêncio poderiam escrever. Freqüentemente, os melhores são de fato aqueles que não têm pressa alguma para escrever e publicar. Há gente demais desesperada em publicar, e muito pouca gente esperando o momento propício e deixando um projeto tomar corpo dentro delas mesmas. Alguns economistas da Escola das Expectativas Racionais defendiam a idéia de que há momentos na história da economia nos quais é "hora de construir". Isso também vale para o mundo acadêmico. Há momentos em que é bom construir idéias, jogar com elas, experimentá-las, sem nos precipitar em publicá-las.

Passo muito tempo com os filósofos, e sei que, em grande medida, eles vivem em um mundo diferente do habitado pelos estudiosos de literatura. Quando falamos de culturas orais, poder-se-ia presumir que estão povoadas de primitivos. Bem, como editor, vivo em um universo oral. Isso costumava me embaraçar antes, mas hoje admito-o abertamente. E assim fazem os filósofos. Vocês vão se lembrar de Derrida censurando Platão por sua relutância em entrar na cultura da escrita. Há algo sobre o pensamento – isto é, o livre pensamento, o livre discurso – que resiste a ser transposto para uma forma material. Derrida é um outro dos nossos pensadores atuais que parece ser rebelde, mas, se formos examinar de perto sua crítica de Platão e do "logocentrismo", à luz de meu argumento, acho que fica claro que ele promove as tendências atuais em relação ao que é impresso, e contra o que é oral. Com a finalidade de se apresentar como o rebelde definitivo, outro Último Homem, ele realmente apenas jogou com nossa própria parcialidade a favor da publicação, parcialidade do qual compartilho.

Ao contrário, a maior parte dos filósofos, hoje e ao longo dos tempos, tem sido, para todos os efeitos, iconoclasta. Uma história que me toca profundamente é a de Rogers Albritton, que, pouco antes de morrer, passou uma parte de seu precioso tempo rasgando todas as suas notas pessoais para palestras, de forma que seus bons amigos não as editassem e não as levassem a alguém como eu, para publicá-las. No início de sua carreira, seu amigo Donald Davidson conspirou com diversos outros admiradores de Albritton para colocá-lo em situação na qual tivesse de publicar alguma coisa. Fizeram uma campanha para que fosse eleito presidente da Divisão do Pacífico da Associação Americana de Filosofia. Uma das obrigações do presidente dessa entidade é fazer um pronunciamento no encontro anual. Tais pronunciamentos são sempre publicados nos anais, e, assim, Albritton foi logrado e terminou sendo publicado.

Tal como ele, sinto profundamente que a maioria daqueles que têm muito a dizer são os mais relutantes em dizê-lo. E acho que a academia deveria recrutar os editores para que tentassem conseguir que algumas das pessoas silenciosas falassem. Esqueçamos os tagarelas. Eles encontrarão seu caminho. Heidegger diz que "todos os grandes pensadores ocidentais depois de Sócrates, com toda sua grandeza, teriam de ser fugitivos". Aquilo que ainda não chegou a ponto de ser formulado na mente das pessoas bruxuleia e caçoa de nós, mais além do alcance das palavras, até que encontremos a maneira de dar corpo ao pensamento. Alguns pensadores profundos gostam de se deter nas margens do pensamento: "As melodias ouvidas são doces, mas aquelas que não foram ouvidas são mais doces".* A pessoa inteligente quer expressar um pensamento, mas, antes de tudo, ela quer explorá-lo e sabe que para isso deve ser delicada. Pensar é como caçar borboletas, não como ver uma tempestade de relâmpagos. Alguns dos maiores pensadores hesitaram antes de falar. John Rawls foi um gago – e sei porque, durante anos, tentei sem êxito publicá-lo – que se manteve totalmente desinteressado em publicar seu trabalho. Os julgamentos desempenham papel muito importante quando se trata de pensar e decidir o que convém ser comunicado ao público em uma palestra ou por escrito. Muitas mentes brilhantes julgam seu trabalho com demasiada severidade. Nesta era de penúria que parece nos sobrevir, os editores poderiam novamente ser encarregados de esquadrinhar o mundo da aprendizagem, em busca daqueles que estão prenhes de pensamentos, cujas idéias até então não formuladas precisam de ajuda para encontrar sua forma no papel.

Algumas de minhas maiores alegrias atuais são os trabalhos escritos e feitos por estudiosos a respeito dos quais ainda fico chocado por ter conseguido arrancar esses livros. Acabei compreendendo que a razão pela qual esses autores não querem despender tempo em colocar suas idéias no papel é porque eles são muito impacientes. A mente deles é tão rápida que eles dificilmente podem suportar a lentidão das conversas – mas isso eles ainda podem agüentar. A publicação é o problema. Não se trata de colocar as coisas de um modo forte demais? Não! Há um conflito, que pessoas

---

* Trecho de "Ode on a Grecian Urn" [Ode a uma urna grega] de John Keats. (N.E.)

profundamente inteligentes ainda sentem e sempre sentirão, entre o autoritarismo do material impresso e a autoridade que se busca ao falar ou publicar. Em sua pressa em mostrar que é tão esperto, Derrida – que nisso é muito parecido com Édipo – deixa passar algo que Platão experimentou na própria pele: foi no jogo, ou na tensão, que as pessoas de seu tempo sentiram (apenas no Ocidente) entre a oralidade e a escrita, que surgiu a filosofia ocidental. Qual era à objeção de Platão à escrita? O poder de mandar em nós em silêncio, porque as pessoas aceitam sua autoridade. Aqui está um silêncio potencialmente mortal. Precisamos conservar viva a necessidade de fazer um juízo entre os momentos nos quais é sábio ficar em silêncio e aqueles em que é sábio falar (cf. *Fedro*). Quando condescendemos, por exemplo, quando terceirizamos as decisões sobre estabilidade profissional, revelamos uma atitude covarde com relação à autoridade que não nos cai bem. O eterno problema é que os seres humanos são sempre tentados a condescender de forma absoluta com os mestres e, com isso, a se tornar escravos de outrem ou de seus próprios pensamentos passados, como coisas reificadas em escrita ou publicação; eles não são desafiados a se tornar ou permanecer mestres de sua própria mente, como deveriam ser, quando devem defender suas idéias e falar de improviso, em diálogos com os outros, entrando no espaço da razão como pessoas livres.

Penso que nossa mania atual de publicações é um grande insulto à dignidade do pensamento, aquela dignidade sobre a qual está baseada a autoridade que a sociedade possa nos conferir. O pensamento profundo não se anuncia sempre aos berros, mas, às vezes, em sussurros.

Precisamos reorientar as humanidades na universidade. Os departamentos têm de dizer "não" aos administradores de uma forma gentil, mas firme. Têm de recuperar o governo da comunidade dos estudiosos da forma como alguns editores de revistas estão recuperando suas revistas de editores gananciosos que querem enganar as bibliotecas universitárias. Nas humanidades, temos de erradicar a atitude de complacência perante o sistema, venha ela da parte dos administradores, venha de nós próprios (como acontece em grande medida). Temos de estar prontos a nos explicar e a não achar insultante quando somos convidados a fazer isso, e nos deleitar com a cultivada impotência à qual nos tornamos habituados. E temos de ousar olhar para coisas novas e desenvolver novas teorias. Os estudiosos das humanidades têm de se opor à atitude iconoclasta sobre os livros e a arte que enfim as dominou. Temos de abraçar a arte mais uma vez e mostrar como a interação envolvendo leitores, expectadores e ouvintes pode desencadear aquele tipo de experiência fugaz que permite a nossa alma vir à tona, em uma glória passageira. A experiência é para o estudioso das humanidades o que os experimentos são para o cientista, eventos determinantes que procuramos explorar.

Se as humanidades dizem respeito a julgar, elas dizem respeito aos julgamentos que informam que alguma coisa é nova em minha interação com objetos artísticos. Quando estivermos prontos a nos explicar e quando estivermos prontos de novo para o encontro com a obra de arte, isto é, quando fixarmos nossos olhos de novo no prêmio da experiência estética, vamos encontrar alunos e vamos encontrar o apoio de que tão desesperadamente precisamos para fazer o nosso trabalho.

Outras leituras

Arendt, Hannah. *Responsibility and Judgment.* Jerome Kohn (Org.). Nova York: Schocken Books, 2003.

Bailey, Jr.; Herbert S. *The Rate of Publication of Scholarly Monographs in the Humanities and Social Sciences, 1978–1988.* Nova York: Association of American University Press, 1990.

Bergstrom, Theodore C. "Free Labor for Costly Journals?". *Journal of Economic Perspectives* 15 (2001): 183–98.

Biagioli, Mario. "From Book Censorship to Academic Peer Review". *Emergences* 12 (2002): 11–45.

Bové, Paul. "The Crisis of Editing". *ADE Bulletin*, n.131, primavera de 2001, p.34–40.

Chalmers, Jessica. "The Academic Character (With The Dictionary of Received Ideas)". Manuscrito inédito.

Darnton, Robert. "The New Age of the Book". *New York Review of Books*, v.46, 18 de março de 1999.

Eco, Umberto. "Will Books Become Obsolete?". *Al-Abram Weekly*, 30 de novembro de 2003.

Estabrook, Leigh; Warner, Bijan. "The Book as Gold Standard for Tenure and Promotion in the Humanistic Disciplines". *A Report Prepared for the December 2, 2003, meeting of Committee on Institutional Cooperation Summit on Scholarly Communication in the Humanities and Social Sciences.*

Fish, Stanley. *Is There a Text in This Class?* Cambridge: Harvard University Press, 1980.

_____. *Doing What Comes Naturally*. Durham, N. C.: Duke University Press, 1989.

_____. *How Milton Works*. Cambridge: Harvard University Press, 2001.

Latour, Bruno; Weibel, Peter. *Iconoclash: Beyond the Image Wars in Science, Religion, and Art*. Cambridge, MA: The MIT Press, 2002.

Lawrence, Peter A. "The Politics of Publication: Authors, Reviewers and Editors Must Act to Protect the Quality of Research". *Nature* 422 (20 de março de 2003): 259–61.

McDowell, John. *Mind and World*. Cambridge: Harvard University Press, 1996.

_____. "Transcendental Empiricism". Manuscrito inédito.

McLuhan, Marshall. *The Gutenberg Galaxy: The Making of Typographic Man*. Toronto: University of Toronto Press, 1962.

Mokyr, Joel. *The Gifts of Athena: Historical Origins of the Knowledge Economy*. Princeton: Princeton University Press, 2002.

Parsons, Talcott; M. Platt, Gerald. *The American University*. Cambridge: Harvard University Press, 1973.

Rorty, Richard. *Philosophy and the Mirror of Nature*. Princeton: Princeton University Press, 1979.

Sandel, Michael. "What Money Can't Buy: The Moral Limits of Markets". *The Tanner Lectures of Human Values*, Balliol College, Oxford, 11 e 12 de maio de 1998.

Waters, Lindsay. "The Age of Incommensurability". *boundary* 2, v.28, 2001, p.133–72.

Waters, Lindsay. "A Modest Proposal for Preventing the Books of the Members of the MLA from Being a Burden to Their Authors, Publishers, or Audiences". *PMLA*, v.115, 2000, p.316–17.

_____. "The Tyranny of the Monograph". *Chronicle of Higher Education*, 20 de abril de 2001, p.B7–B10.

SOBRE O LIVRO

Formato: 12 x 21 cm
Mancha: 19 x 39,5 paicas
Tipografia: Iowan Old Style 9,5/13
Papel: Pólen Soft 80 g/m² (miolo)
Cartão Supremo 250 g/m² (capa)
1ª edição: 2006

EQUIPE DE REALIZAÇÃO

Edição de Texto
Maria Silvia Mourão Netto (Copidesque)
Nair Kayo (Preparação de Original)
Cláudia Rodrigues do Espírito Santo (Revisão)

Editoração Eletrônica
Edmílson Gonçalves (Diagramação)

Impressão e acabamento